Das Alter – zwischen Lebenslust und Endlichkeit

Jeder Mensch wird jeden Tag älter, und jeder nimmt das Altern wahr, egal wie alt er ist. Kinder und Jugendliche freuen sich, älter zu werden, was jedoch ab einem bestimmten Alter – individuell sehr unterschiedlich – abnimmt. Ab wann ist der Mensch alt? Gilt der Spruch »Ich bin so alt, wie ich mich fühle?«.

Die regelmäßig erhobenen Daten zur Bevölkerungsentwicklung am Beispiel von Deutschland zeigen, dass der demografische Wandel voranschreitet. Der Anteil der unter Zwanzigjährigen an der Bevölkerung verringerte sich zwischen 1970 und 2017 von 29,7 auf 18,4 Prozent. Gleichzeitig stieg der Anteil der 67-Jährigen und Älteren von 11,1 auf 19 Prozent, bei den über Achtzigjährigen von 1,9 auf 6,2 Prozent. Ähnliche Zahlen gelten auch für die Schweiz und Österreich. Somit sind das Altern und das Alter ein Thema von großer Wichtigkeit. Das Bild, das eine Gesellschaft vom Alter und von alten Menschen hat, bestimmt erheblich mit, wie alt Menschen werden wollen und wie sie ihre Möglichkeiten in der Zukunft einschätzen.

An diesen für sich sprechenden Tatsachen kommen wir nicht vorbei – wir Menschen in Europa werden immer älter, oft bei guter Gesundheit. Gleichwohl gibt es nicht *den* alten Menschen – in Untersuchungen zeigte sich immer wieder eine hohe Variabilität bei physischen, psychischen, sozialen und kognitiven Faktoren.

Früher – und in manchen Köpfen noch heute – war das Defizitmodell des Alters vorherrschend mit dem unaufhaltsamen und zunehmenden Abbau der physischen und kognitiven Fähigkeiten und Fertigkeiten, was manchmal wie eine »self-fulfilling prophecy« wirkte. Seit einigen Jahren heißt es stattdessen »successful, active and productive aging«. Der Blick wird dabei mehr auf die Entwicklungspotenziale und Ressourcen gerichtet, mit denen Menschen sich an veränderte Gegebenheiten anpassen können. Lebenserfahrungen können dazu führen, sich aktiv weiterzuentwickeln. Das Alter hat ganz eigene Qualitäten.

Neue Altersbilder – die sportlichen, modischen, reiselustigen, kulturinteressierten, das Leben genießenden und selbstbestimmten Menschen ab 65 Jahren – nehmen zu. Viele wollen sich nach Ende der Lebensarbeitszeit endlich lang gehegte Wünsche erfüllen, andere ehrenamtliche Aufgaben übernehmen, für Familie und Enkelkinder da sein, sich in sozialen Netzwerken aktiv beteiligen, ihre Hobbys verstärkt ausüben oder ein Seniorenstudium aufnehmen.

Das Alter hat aber auch seine dunklen Seiten – Armut, Krankheiten, Tod von Nahestehenden, Einsamkeit, Unsicherheit angesichts der Zukunft, Altersdepression und »das Leiden an der verrinnenden Zeit«[1].

Die Autor*innen in diesem Heft zeigen ein vielschichtiges Bild mit zahlreichen Perspektiven vom Alter auf – in der darstellenden Kunst von 1200 bis in die Neuzeit. Es kann Anlass zum Nachdenken, Austauschen und zum Handeln geben.

Margit Schröer

Erika Schärer-Santschi

1 Bozzaro, C. (2014). Das Leiden an der verrinnenden Zeit. Eine ethisch-philosophische Untersuchung zum Zusammenhang von Alter, Leid und Zeit am Beispiel der Anti-Aging-Medizin. Stuttgart-Bad Cannstatt.

Leidfaden, Heft 1 / 2021, S. 1, © Vandenhoeck & Ruprecht GmbH & Co. KG, Göttingen, 2021, ISSN 2192-1202

14 Bettina Ugolini | Die späte Eltern-Kind-Beziehung

29 Urs Kalbermatten | Lebensentwürfe für die Zeit nach 65 – Was nehmen sich Menschen für den Übergang in die Pensionierung vor?

Inhalt

37 Helmut Kaiser | Altsein unter der Bedrohung durch Corona

66 Daniel Gowitzke und Elke Pracejus | Schau her – was ich aus meinem Leben erzählen und zeigen möchte!

97 Verbandsnachrichten

Möglichkeiten und Grenzen inneren Wachstums im Alter

Andreas Kruse

Grenzgänge und die Herstellung von Balance

Das hohe Alter lässt sich auch im Sinne von *Grenzgängen* interpretieren. Wenn hier von »Alter« gesprochen wird, so ist ein Lebensalter gemeint, das zwischen Anfang und Mitte des neunten Lebensjahrzehnts beginnt. Warum spreche ich von »Grenzgängen«? Ab dem neunten Lebensjahrzehnt nehmen gesundheitliche Belastungen und funktionelle Einschränkungen kontinuierlich zu, das heißt, die *Verletzlichkeit* des Individuums tritt immer stärker ins Zentrum objektiv erhobener medizinischer und psychologischer Befunde sowie subjektiv erlebter Lebensbedingungen. Es muss sich dabei nicht um schwere, vielleicht sogar lebensbedrohliche Erkrankungen handeln. Zudem variieren Art, Ausprägungsgrad und Zeitpunkt der (ersten) Verletzlichkeitserfahrungen von Individuum zu Individuum erheblich. Doch nimmt die Wahrscheinlichkeit solcher Erfahrungen im Laufe dieses Jahrzehnts erkennbar zu.

Verletzlichkeit ist aber nur ein Aspekt. Ein weiterer sind die Verluste im sozialen Nahumfeld, also in der Familie, im Freundes- und im Bekanntenkreis. Zudem dürfen die Endgültigkeit und die Endlichkeit des eigenen Lebens nicht vernachlässigt werden. Diese unterschiedlichen Aspekte von Verletzlichkeit bilden aber, folgen wir den Befunden gerontologischer Forschung, nur eine Facette des Alters. Eine andere Facette sind mögliche *emotionale, motivationale, wissensbezogene, sozialkommunikative* und *spirituelle Ressourcen*, die dem Individuum im Alternsprozess mehr und mehr bewusst werden. Derartige Ressourcen können, werden sie umgesetzt, durchaus dazu dienen, die Folgen von Verletzlichkeit besser abzufedern beziehungsweise Grenzsituationen bewusst anzunehmen. Hier ist die Aussage des Heidelberger Philosophen und Psychiaters Karl Jaspers wichtig, wonach wir Grenzsituationen durch unser Handeln nicht verändern, wohl aber *zur Klarheit* bringen können. Dies heißt: In Grenzsituationen ist durchaus auch ein *Wachstumspotenzial* erkennbar, wobei allerdings der Grad, mit dem dieses Potenzial verwirklicht wird, von Individuum zu Individuum variiert – auch dieser Aspekt wird uns an späterer Stelle noch ausführlicher beschäftigen. Die hier genannten Aspekte des Alters sind im Sinne von Grenzgängen zu interpretieren: der kontinuierliche Perspektivenwechsel zwischen Verletzlichkeit und Ressourcen, zwischen Grenzen und innerem Wachstum.

In vielen Studien am Institut für Gerontologie der Universität Heidelberg, in denen wir eine möglichst natürliche, konkrete Schilderung der persönlichen Lebenssituation alter Menschen anstoßen, erkennen wir den Versuch des alten Menschen, immer wieder aufs Neue die *Balance* zwischen Verletzlichkeit und Ressourcen herzustellen: Das Individuum changiert zwischen Erfahrungen der Verletzlichkeit und solchen der potenziellen Ressourcenverwirklichung (»Wachstum«). Aus diesem Grund spreche ich von *Grenzgängen zwischen Verletzlichkeit und Wachstum.*

Verletzlichkeit

Vor dem Hintergrund der empirischen Literatur zum Alter ist zunächst zu konstatieren, dass sich die körperlichen und kognitiven Verluste in

Leidfaden, Heft 1/2021, S. 4–7, © Vandenhoeck & Ruprecht GmbH & Co. KG, Göttingen, 2021, ISSN 2192-1202

m.schröer

den späteren Lebensjahrzehnten allmählich, fließend, kontinuierlich vollziehen. In diesen Jahrzehnten ist eine graduell zunehmende Anfälligkeit des Menschen für neue Erkrankungen und funktionelle Einbußen ebenso erkennbar wie die graduelle Zunahme in der Schwere bereits bestehender Erkrankungen und bereits bestehender funktioneller Einbußen. Damit ist ein wichtiges Merkmal des Lebens im ausgehenden achten, vor allem aber im neunten und zehnten Lebensjahrzehnt beschrieben, das auch im Erleben der Menschen immer mehr an Bedeutung gewinnt: Die allmählich spürbare Zunahme an Krankheitssymptomen, die allmählich spürbaren Einbußen in der körperlichen, zum Teil auch in der kognitiven Leistungsfähigkeit, schließlich die allmählich spürbaren Einschränkungen in alltagsbezogenen Fertigkeiten werden vom Individuum im Sinne der erhöhten Verletzlichkeit erlebt und gedeutet.

Verletzlichkeit beschreibt eine erhöhte Anfälligkeit und Verwundbarkeit, mithin das deutlichere Hervortreten von Schwächen, meint verringerte Potenziale zur Abwehr, Kompensation und Überwindung dieser körperlichen und kognitiven Schwächen. Die objektiv messbare wie auch die subjektiv erlebte Verletzlichkeit tritt zu interindividuell unterschiedlichen Zeitpunkten im neunten Lebensjahrzehnt auf; sie kann sich bei dem einen später, bei dem anderen früher einstellen. Entscheidend ist, dass im hohen Alter bei der überwiegenden Mehrzahl alter Menschen eine derartige erhöhte Verletzlichkeit objektiv nachweisbar ist und subjektiv auch als eine solche empfunden wird.

Mit dem Hinweis auf die erhöhte Verletzlichkeit wird angedeutet, dass im hohen Lebensalter ein Merkmal der *Conditio humana* – nämlich die grundsätzliche Verwundbarkeit – noch einmal stärker in das Zentrum tritt, dabei auch in das Zentrum des Erlebens. Mit diesem Hinweis wird auch die vielfach vorgenommene strikte Trennung zwischen drittem (jungem) und viertem (altem) Lebensalter relativiert: Es ist nicht so, dass das dritte Lebensalter ganz unter dem Zeichen erhaltener körperlicher, kognitiver und sozioemotionaler Kompetenz, das vierte Lebensalter hingegen ganz unter dem Zeichen verloren gegangener körperlicher, kognitiver und sozio-

Ulrike Rastin

emotionaler Kompetenz (im Sinne eines *modus deficiens*) stünde. Vielmehr finden wir auch im dritten Alter graduelle Verluste und damit allmählich stärker werdende Schwächen, die in summa auf eine erhöhte Verletzlichkeit des Menschen deuten; und im vierten Alter sind vielfach seelische, geistige, sozioemotionale und sozialkommunikative Ressourcen zu beobachten, die das Individuum in die Lage versetzen, ein schöpferisches, persönlich sinnerfülltes und stimmiges Leben zu führen – dies auch in gesundheitlichen Grenzsituationen.

Wachstum

Die innere Auseinandersetzung mit körperlichen, zum Teil auch kognitiven, zudem mit sozialen Verlusten und begrenzter Lebenszeit wird durch psychische Kräfte und Orientierungen gefördert, die sich durch vier Konstrukte und deren Verbindung umschreiben lassen: (a) Die vermehrte Konzentration auf sich selbst und der darin zum Vorschein kommende Versuch, das Selbst auch in seiner kontinuierlichen Veränderung (oder Dynamik) zu erfahren, (b) die Offenheit für Neues – sowohl in einem selbst wie auch in der (räumlichen, sozialen und kulturellen) Welt, die einen umgibt, (c) die erlebte und praktizierte Sorge um beziehungsweise für andere Menschen und die Welt, schließlich die (d) Bereitschaft, Wissen weiterzugeben und damit sowohl zur Kontinuität in der Generationenfolge beizutragen als auch die Entwicklung nachfolgender Generationen zu fördern, bilden in ihrer Integration eine bedeutsame psychologische »Rahmung« des Umgangs mit eigener Verletzlichkeit. Mit diesen vier psychologischen Konstrukten sind auch seelisch-geistige Bereiche angesprochen, in denen sich alte Menschen weiterentwickeln, in denen sie schöpferische Kräfte zeigen, in denen sie etwas Neues hervorbringen können.

Zudem machen diese Konstrukte deutlich, dass körperliches Altern einerseits, seelisch-geistiges Altern andererseits verschiedenartigen Entwicklungsgesetzen folgen: Das Wesen des Alterns wird nur bei integrierter Betrachtung dieser verschiedenartigen Entwicklungsgesetze wirklich erfahrbar. Allerdings ist auch zu bedenken, dass sich die körperliche Dimension sowie die seelisch-geistige Dimension gegenseitig durchdringen: Tiefgreifende körperliche Veränderungen (zu denen auch Veränderungen des Gehirns zu zählen sind) können sich auf die emotionalen, vor allem aber auf die geistigen Prozesse auswirken und potenzielle Entwicklungen im hohen Alter mehr und mehr einengen oder unmöglich machen – man denke hier nur an neurodegenerative oder vaskuläre Hirnprozesse, die ihrerseits das Lern-, Gedächtnis- und Denkvermögen erheblich einschränken, wenn nicht sogar weitgehend zerstören. Umgekehrt zeigt sich immer wieder, dass sich kontinuierliche körperliche Aktivität (Ausdauer, Koordination, Kraft, Beweglichkeit) positiv auf die emotionale Befindlichkeit wie auch auf die kognitive Kompetenz im Alter auswirkt – mittlerweile kann als gesichert angesehen werden, dass kontinuierliche körperliche Aktivität einen Schutzfaktor mit Blick auf die verschiedenen Demenzerkrankungen darstellt. Umgekehrt wirken sich emotionale und geistige Entwicklungsprozesse positiv auf die körperliche Gesundheit, das körperliche Befinden und die körperliche Restitutionsfähigkeit des Individuums aus – darauf weisen empirische Befunde aus psychosomatischen und klinisch-psychologischen Studien hin. Auch in der Bewältigungs- und Resilienzforschung lassen sich Belege dafür finden, dass die Verwirklichung emotionaler und geistiger Entwicklungspotenziale im hohen Alter dazu beiträgt, dass alte Menschen auch im Fall chronischer Erkrankung erkennbar mehr für ihre Gesundheit tun, dass sie gesundheitliche Einschränkungen besser verarbeiten und bewältigen können, dass ihnen das Alter trotz körperlicher Grenzen als eine Lebensphase erscheint, in der sie immer wieder *Phasen des Wohlbefindens, der Stimmigkeit, der Erfüllung* und *des Glücks* erleben können.

Einen Hinweis auf die gelingende Verarbeitung und Bewältigung von Verletzlichkeit gibt uns die positive, *von Dankbarkeit und Hoffnung bestimmte Sicht* auf die eigene Lebenssituation. Diese Haltung legt die Annahme nahe, dass eine konzentrierte, vertiefte Auseinandersetzung mit dem Selbst stattgefunden hat und noch immer stattfindet, wobei sich diese Auseinandersetzung vor dem Hintergrund der vielfältigen Erlebnisse in der Biografie und in der Gegenwart wie auch der mit der eigenen Endlichkeit assoziierten Gefühle und Gedanken vollzieht (Introversion mit Introspektion). Die in der vertieften Auseinandersetzung mit sich selbst zutage geförderten Erfahrungen und Erkenntnisse können an die nachfolgenden Generationen weitergegeben werden (Wissensweitergabe) und bilden zudem ein bedeutsames Fundament von erlebter und praktizierter, freundschaftlich gemeinter Sorge. Entscheidend ist dabei die Offenheit des Individuums für Prozesse in seinem Selbst und in seiner räumlichen, sozialen und kulturellen Welt.

Abschluss: Der Augenblick

Betrachtung der Zeit
Mein sind die Jahre nicht,
die mir die Zeit genommen,
Mein sind die Jahre nicht,
die etwa möchten kommen
Der Augenblick ist mein;
und nehm ich den in Acht
So ist der mein, der Jahr und
Ewigkeit gemacht.
(Andreas Gryphius; 1616–1664)

Die *Betonung des Augenblicks* – in welchem Menschen in allen Lebensaltern schöpferisch tätig werden können – erinnert an das psychologische Konstrukt der *Selbstaktualisierung,* die die grundlegende Tendenz des Bios, sich auszudrücken, sich mitzuteilen, sich zu differenzieren, beschreibt. Dies gilt für alle Dimensionen der Person (der kognitiven, der emotionalen, der empfindungsbezogenen, der sozialkommunikativen, der alltagspraktischen, der körperlichen und der spirituell-existenziellen Dimension); dies gilt für alle Lebensphasen.

© Patricia Kühfuss

Prof. Dr. **Andreas Kruse,** Studium der Psychologie, Philosophie, Psychopathologie und Musik, ist Direktor des Instituts für Gerontologie der Universität Heidelberg.

Kontakt: andreas.kruse@gero.uni-heidelberg.de

Wie viel Alter kann und will sich unsere Gesellschaft leisten?

François Höpflinger

Die (provokative) Frage »Wie viel Alter können wir uns leisten?« wird gegenwärtig auf zwei unterschiedlichen Ebenen angesprochen und diskutiert. Die erste Ebene ist eine gesamtgesellschaftliche Betrachtung, ausgehend davon, dass aufgrund der demografischen Alterung steigende Renten- und Pflegekosten den sozialpolitischen Generationenvertrag immer stärker in eine Schieflage bringen (aktuell durch eine Covid-19-bedingte erhöhte Staatsverschuldung verschärft). Die zweite Ebene ist die individuelle Ebene, wo mehr Frauen und Männer Überlegungen anstellen, ob es tatsächlich Sinn macht, bei altersbedingten Erkrankungen alle denkbaren lebensverlängernden medizinischen Maßnahmen einzusetzen. Nicht selten sind negative und schmerzhafte Erfahrungen sehr alter Eltern am Lebensende ein Auslöser für Töchter und Söhne, sich mit den Grenzen des Altwerdens auseinanderzusetzen. Während die sozialpolitischen Auseinandersetzungen zu den Kosten des Alters öffentliche Diskurse bestimmen, vollziehen sich persönliche Gedanken zu den Grenzen von Alter und Leben zumeist verdeckt und privat.

Demografische Alterung und negative Generationenbilanz

Die demografische Alterung (mehr ältere Menschen, die länger überleben) führt zu steigenden Belastungen der vorhandenen Gesundheits- und Rentensysteme. Alle europäischen Länder leiden unter negativen Generationenbilanzen in dem Sinne, dass aktuelle Ausgaben für ältere Menschen auf Kosten der nachkommenden Generationen getätigt werden. Allerdings zeigen differenzierte Analysen, dass eine steigende Zahl älterer Menschen vor allem dann zu Problemen führt, wenn sozialpolitische und wirtschaftliche Rahmenbedingungen neuen demografischen Gegebenheiten nicht angepasst werden. So wird immer deutlicher, dass in einer Gesellschaft mit einer steigenden Zahl älterer Menschen ein grundsätzlicher Wechsel der Lebensgestaltung zu überlegen ist (Höpflinger 2019): Es geht dabei um einen Wandel von einem Nacheinander von Ausbildung, Erwerbsarbeit und Rentenalter zu einem lebenslangen Nebeneinander von Bildung, Arbeit (bezahlt und unbezahlt) und Ruhe- und Freizeitphasen.

Die beruflichen »Ressourcen – Kompetenzen, Motivation, Gesundheit usw. – müssen nicht nur für einen raschen Aufstieg, sondern für eine lange Reise gesichert und gemanagt werden« (Michel-Alder 2018, S. 16). Oder provokativer formuliert: Wir können uns eine Zunahme älterer Menschen primär dann nicht leisten, wenn wir keine Maßnahmen einführen, die es mehr Frauen und Männer als bisher ermöglichen, auch nach 65 weiter produktiv zu sein, sei es in Form von Erwerbsarbeit oder sei es in Form gemeinschaftlichen Engagements. Dies setzt etwa permanente Weiterbildung, neue Karrieremodelle für spätere Erwerbsjahre oder die Bereitstellung altersgerechter Arbeitsplätze voraus (Zölch und Mücke 2015). Speziell die Förderung einer lebenslangen Aus- und Weiterbildung wird als zentral angesehen, weil selbst im höheren Lebensalter Weiterbildung soziale Integration stärkt und kognitive Einbußen (inklusive Demenz) in bedeutsamer Weise zu reduzieren vermag.

Szenarien illustrieren, dass eine Ausdehnung der gesunden beziehungsweise behinderungsfrei-

Leidfaden, Heft 1 / 2021, S. 8–10, © Vandenhoeck & Ruprecht GmbH & Co. KG, Göttingen, 2021, ISSN 2192-1202

m.schröer

en Lebensjahre dazu beitragen kann, dass trotz rascher Zunahme der Zahl alter Menschen die pflegerische Belastung nachkommender Generationen nur geringfügig ansteigt. Entsprechend werden steigende Investitionen in Gesundheit und Gesundheitsförderung von einigen Ökonomen nicht als gesellschaftliches Problem, sondern als zentrale Lösung der Herausforderungen der demografischen Entwicklung interpretiert (Eberstadt und Groth 2008). Oder in den Worten des deutschen Ökonomen Axel Börsch-Supan: »Echte ökonomische Probleme wird uns die Bevölkerungsalterung daher nur dann machen, wenn wir uns weigern, unsere sozial- und wirtschaftspolitischen Institutionen an die geänderten Umstände anzupassen« (2007, S. 141). Wir können uns das Alter nur dann nicht leisten, wenn wir an alte Erwerbs- und Lebensstrukturen festhalten.

Reflexionen zu den Grenzen des Altwerdens auf individueller Ebene

Durch die Ausdehnung der Lebenserwartung erfolgt das Absterben der Elterngeneration heute vielfach erst im mittleren oder späteren Lebensalter. So weisen in Deutschland gegenwärtig mehr als 70 Prozent der 40- bis 49-Jährigen noch einen überlebenden Elternteil auf und bei den 60- bis 79-Jährigen sind es immerhin noch 10 Prozent (und die Zahl von Familien, in denen zwei Generationen gleichzeitig vom Rentenalter profitieren, steigt an) (Puur et al. 2011). Damit werden früher seltene familiale Rollenkombinationen häufiger, etwa wenn eine 45-jährige Frau gleichzeitig die Mutter eines heranwachsenden Sohnes und das »Kind« betagter Eltern ist. Daraus können sich neuartige Rollenkonflikte ergeben, wie dies in der Metapher der »Sandwichgeneration« angesprochen wird. Mehr Frauen als früher werden mit einem zweiten familial-beruflichen Vereinbarkeitskonflikt (Erwerbsarbeit versus Pflege alter Eltern) konfrontiert. Pflegeverpflichtungen für alt gewordene Eltern sind oft ausgeprägt, wobei in pflegerisch bedingten Stresssituationen etablierte intergenerationelle Bindungsmuster (und -konflikte) erneut in den Vordergrund treten können (Perrig-Chiello und Höpflinger 2005).

Altern und Sterben der Elterngeneration sind – als Schatten der eigenen Zukunft – bedeutsame lebenszyklische Ereignisse, die vermehrt Reflexionen zum eigenen Alter und Sterben auslösen können. Dies gilt vor allem für Töchter und Söhne, die mit sehr alten Eltern oder demenzerkrankten Eltern konfrontiert werden. Das Erleben des

Alterns der eigenen Eltern und die damit verbundenen Reflexionen vollziehen sich allerdings häufig privat und unterschwellig. Praxisbeobachtungen weisen darauf hin, dass die Konfrontation mit sehr alt gewordenen Elternteilen speziell drei Reflexionsdimensionen anstößt oder verstärkt:

Erstens erhöht sich das Interesse (und teilweise aber auch die direkte Betroffenheit) an Formen der Altenpflege, wobei – weil es um die eigenen Eltern geht – Töchter und Söhne alter Eltern häufig höhere Ansprüche an medizinische Versorgung, Altenpflege und Nutzung technischer Assistenzgeräte stellen als die alten Eltern selbst (die oft noch in bescheidenen Verhältnissen aufgewachsen sind). Umgekehrt wünschen alte Eltern, möglichst lange selbstständig zu leben, um ihre Nachkommen nicht zu belasten.

Zweitens werden die eigenen Wünsche bezüglich Altwerden mit dem Alter der eigenen Eltern verglichen, etwa in der Richtung, ob es nicht klüger und sinnvoller sei, Geld auszugeben, solange man noch aktiv davon zu profitieren vermag (statt bis zum Tod zu sparen). Ein negativ erlebter Umzug von Eltern in ein Altenheim ist nicht selten Anlass, sich frühzeitig nach alternativen Wohnformen im Alter umzusehen.

Drittens kommt es vermehrt zur Reflexion über Sinn oder Unsinn lebensverlängernder medizinischer Interventionen. Ist es erstrebenswert, neunzig Jahre alt zu werden? Diese Frage kann je nach dem Alterserlebnis der eigenen Eltern positiv oder negativ beantwortet werden. Das Alter der Eltern ist für nachkommende Generationen oft Anlass, sich aktiv auf eine Patientenverfügung einzulassen. In der Schweiz werden Anträge auf eine Mitgliedschaft bei einer Sterbehilfeorganisation oft weniger vom eigenen Altern als vom Alterserlebnis der eigenen Eltern ausgelöst.

Schlussfolgerungen

Auf gesellschaftlicher und politischer Ebene werden primär die negativen Kostenfolgen des Alters diskutiert. Dabei geht vergessen, dass viele Probleme der aktuellen demografischen Alterung primär damit zusammenhängen, dass sich Gesellschaft, Wirtschaft und Politik noch zu wenig an neue demografische Rahmenbedingungen angepasst haben. So bleiben Bildungs- und Gesundheitsinvestitionen in ein langes gesundes Alter bis heute vernachlässigt. Auf privater Ebene löst das Erleben des Alters der eigenen Eltern bei der nachkommenden Generation oft verstärkte Reflexionen zu den Grenzen des Lebens aus. Speziell die Konfrontation mit sehr alten Elternteilen wirft schlussendlich auch die Frage auf, wie viel Alter man selbst erleben möchte.

Prof. Dr. **François Höpflinger** ist Mitglied der akademischen Leitung des Zentrums für Gerontologie an der Universität Zürich.

Kontakt: fhoepf@soziologie.uzh.ch

Literatur

Börsch-Supan, A. (2007). Bevölkerungsalterung durch die Augen des Ökonomen: Die gesamtwirtschaftlichen Folgen des demographischen Wandels. In: Wahl, H.-W.; Mollenkopf, H. (Hrsg.): Alternsforschung am Beginn des 21. Jahrhunderts. Alterns- und Lebenslaufkonzeptionen im deutschsprachigen Raum (S. 123–144). Berlin.

Eberstadt, N.; Groth, H. (2008). Die Demografiefalle. Gesundheit als Ausweg für Deutschland und Europa. Stuttgart.

Höpflinger, F. (2005). Pflege und das Generationenproblem – Pflegesituationen und intergenerationelle Zusammenhänge. In: Schroeter, K. R.; Rosenthal, T. (Hrsg.): Soziologie der Pflege. Grundlagen, Wissensbestände und Perspektiven (S. 157–175) Weinheim.

Höpflinger, F. (2019). Generationenpolitik und lebenslauforientierte Sozialpolitik – Ansätze jenseits der Altersphasenpolitik. In: Baumgartner, A. D.; Fux, B. (Hrsg.): Sozialstaat unter Zugzwang? Zwischen Reform und radikaler Neuorientierung (S. 357–376). Wiesbaden.

Michel-Alder, E. (2018). Länger leben – anders arbeiten. Erwerbstätige im demografischen und digitalen Wandel. Zürich.

Perrig-Chiello, P.; Höpflinger, F. (2005). Aging parents and their middle-aged children: Demographic and psychosocial challenges. In: European Journal of Ageing, 2, S. 183–191.

Puur, A.; Sakkeus, L.; Põldma, A.; Herm, A. (2011). Intergenerational family constellations in contemporary Europe: Evidence from the generations and gender survey. In: Demographic Research, 25, S. 135–172.

Zölch, M.; Mücke, A. (2015) (Hrsg.): Fit für den demografischen Wandel? Ergebnisse, Instrumente, Ansätze guter Praxis. Bern.

Altersbilder

Perspektiven auf das Alter in der bildenden Kunst

Andrea von Hülsen-Esch

Das Alter gehört zu den biologischen Grundbedingungen des menschlichen Lebens. Gegenwärtig aber rücken auch die kulturellen Dimensionen des Alter(n)s mehr und mehr ins Licht der Forschung – sind es doch nicht nur die sozialen und medizinischen Gegebenheiten, deren Untersuchung für die Entwicklung lebenswerter Perspektiven im Alter fruchtbar gemacht werden kann: Bildende Kunst, Film, Literatur, Theater und Tanz führen uns vor Augen, dass unsere Vorstellungen vom Alter und unser Umgang mit ihm nicht in Messtabellen aufgenommen und mit Medikamenten behandelt werden können. In einer Gesellschaft mit einem wachsenden Anteil älterer Menschen gewinnen Konzepte davon, was Ältere sind und was Altern bedeutet, zunehmend an Bedeutung. Vorstellungen darüber, welchen Beitrag Ältere für die Gesellschaft leisten und welchen Beitrag die Gesellschaft für sie leistet, was über Ältere gewusst wird und wie Alterungsprozesse bewertet werden, stehen dabei ebenso auf dem Prüfstand wie die Frage, wie sich Ältere selbst wahrnehmen.

In allen Gesellschaften haben sich Vorstellungen von Lebensphasen ausgebildet, die sich in Altersbildern niederschlagen. Demografische Verschiebungen, Änderungen in Krankheitsprofilen und kulturelle Dynamiken (zum Beispiel in Familienstrukturen, Wertesystemen, im Erwerbsleben, im Gesundheitswesen, in der Möglichkeit zur politischen und anderen gesellschaftlichen Beteiligung) verändern diese Altersbilder, was wiederum auf die Rolle zurückwirkt, die als »alt« anerkannte Menschen in einer Gesellschaft einnehmen. Die Reflexionen über das Alter in den verschiedenen Künsten zeigen nicht nur, mit welchen Altersbildern, Rollenerwartungen und stereotypen Vorstellungen wir diesem Lebensabschnitt begegnen, sondern auch, wie sich Erwartungen an altersgerechtes Verhalten unterlaufen, verändern und erweitern lassen. Trotzdem schenkt unsere Gesellschaft der möglichen Wirkung kultureller Akteure und Akteurinnen auf Politik, soziale Programme und medizinische Forschung noch immer viel zu wenig Aufmerksamkeit.

Eine bestimmte Haltung dem Alter und alten Menschen gegenüber fließt in der Regel als oftmals nicht bewusste Grundannahme in unser gesamtgesellschaftliches Handeln und Zusammenleben ein. Dieser Umgang sowohl mit dem Alter als auch miteinander ist geprägt von der für unsere Gesellschaft spezifischen Kultur: Dazu gehören die Sprache, die historische Tradition, die literarischen und medialen Äußerungsformen, aber auch die strukturgebenden Formen des Zusammenlebens bis hin zum Handeln in wirtschaftlichen Unternehmen. Unsere Kultur ist jedoch nicht gesetzt, sondern sie wandelt sich im Laufe der Zeit und wirkt auf die räumliche und zeitliche Vielfalt in unserem Leben zurück. Deshalb ist es möglich, über eine Reflexion der kulturellen Bedingungen, Gegebenheiten und Artefakte Erkenntnisse über den gesellschaftlichen Umgang mit dem Alter zu gewinnen. Durch Rückschlüsse auf den Umgang mit dem Alter und dem Altern in der Vergangenheit können wir Analyseinstrumente für die Gegenwart entwickeln und Anregungen für ein verändertes gesellschaftliches Handeln in der Zukunft geben. Die Beschäftigung mit dem Alter als einer kulturellen Tatsache ist als Ergänzung zu allen medizinischen, biologi-

Leidfaden, Heft 1 / 2021, S. 11–13, © Vandenhoeck & Ruprecht GmbH & Co. KG, Göttingen, 2021, ISSN 2192-1202

schen, gerontologischen und soziologischen Studien also notwendig, um eine lebenswerte Perspektive zu schaffen.

In den letzten Jahren hat eine zunehmend positive Bewertung der individualisierten Lebensstile, die auf Selbstständigkeit angelegt sind, zu einer Abwertung des Alters beigetragen, da alte Menschen oftmals auf Hilfe der Gemeinschaft angewiesen sind. Diese Entwicklung hat zur Folge, dass der seit Jahrhunderten als Stereotype mit dem hohen Alter einhergehende »Verfall des Körpers« zunehmend mit dem älteren Menschen als solchem verbunden wird. Die Normierung der Lebensphasen über Körpervorstellungen lassen Altersstereotype lebendig werden, die nur dadurch, dass sie ins Bewusstsein gerückt und erkannt werden, auch überwunden werden können. Gerade auch bildliche Darstellungen von alten Menschen gehören als Teil unserer Kultur zu einem Formenschatz, der kulturspezifisch in unser kollektives Gedächtnis eingegangen ist. Altersbilder in der Kunst – selbst aus weit vergangenen Zeiten – und die damit verknüpften Vorstellungen wirken somit auch heute noch in unseren Alltag und in die Politik hinein. Unsere gegenwärtigen Vorstellungen vom Alter lassen sich nur verstehen, wenn wir möglichst genaue Kenntnis von den unterschiedlichen Vorstellungen haben, die in einer Kultur vom Altern und vom Alter bestanden und wie mit dem Alterungsprozess und dem Alter in der Vergangenheit umgegangen wurde. Erst dann, wenn wir ihren Ursprung kennen, wird es uns gegebenenfalls möglich sein, die Bewertungen, die mit diesen zu Stereotypen gewordenen Altersbildern verbunden sind, zu korrigieren.

© Mert Özdemir

Univ.-Prof. Dr. **Andrea von Hülsen-Esch** ist Professorin für Kunstgeschichte an der Universität Düsseldorf. Zuvor war sie Prorektorin für Internationales der Heinrich-Heine-Universität. Ihre Forschungsschwerpunkte sind unter anderem Materialität und Produktion in der Kunst, transdisziplinäre Forschung zu Alter(n)sdarstellungen in der Kunst des Mittelalters und der frühen Neuzeit, Bühnenbilder vom 16. bis 19. Jahrhundert und Geschichte des Kunsthandels und der Künstlerbeziehungen in der Klassischen Moderne.

Kontakt: huelsen-esch@phil.hhu.de

Literatur

Ausstellungskatalog Dürers Mutter. Schönheit, Alter und Tod im Bild der Renaissance, Kupferstichkabinett, Staatliche Museen zu Berlin (2006). Hrsg. von M. Roth und U. B. Ullrich. Berlin.

Bergdolt, K. (Hrsg.) (2013). Armut in der Renaissance. Konferenzschrift, Herzog August Bibliothek, Wolfenbüttel, 21. bis 23. September 2009. Wolfenbüttel.

Fangerau, H.; Hülsen-Esch, A. von; Schäfer, D. (2019). Gehhilfen aus kulturgeschichtlicher Perspektive. Funktionelle und semantische Vielfalt von Assistenzsystemen für die Fortbewegung im Alter. In: Zeitschrift für Geriatrie und Gerontologie, Supplementheft 3, S. 168–179. https://doi.org/10.1007/s00391-019-01603-6.

Freeman Sandler, L. (1983). The Psalter of Robert de Lisle in the British Library. London.

Herwig, H. (Hrsg.) (2014). Merkwürdige Alte. Zu einer literarischen und bildlichen Kultur des Alter(n)s. Bielefeld.

Herwig, H.; Hülsen-Esch, A. von (Hrsg.) (2016). Alte im Film und auf der Bühne. Neue Altersbilder und Altersrollen in den darstellenden Künsten. Bielefeld.

Hülsen-Esch, A. von (2015). Das Alter fest im Griff. Jugend, Virilität, Weisheit. Männerträume vom Altwerden. In: Wiener, J. (Hrsg.), Altersphantasien im Mittelalter und in der Frühen Neuzeit (S. 83–134). Düsseldorf.

Hülsen-Esch, A. von (Hrsg.) (2015). Alter(n) neu denken. Konzepte für eine neue Alter(n)skultur. Bielefeld.

Sears, E. (1986). The ages of man. Medieval interpretations of the life cycle. Disseration, New Haven. Princeton.

Wirag, K. T. (1995). Cursus Aetatis. Lebensalterdarstellungen vom 16. bis zum 18. Jahrhundert. München.

Psalter Robert de Lisles, 1339

Die Einteilung des menschlichen Lebens in verschiedene Abschnitte – uns geläufig sind zum Beispiel die Einteilungen in Kindheit, Jugend, berufstätiges Alter, Rente – gibt es bereits seit der Antike. Bekannte Darstellungsformen verschiedener Lebensalter sind heute die um 1540 entstandenen sogenannten Lebensaltertreppen, die jedoch schon ältere Vorläufer haben, von denen einige Einteilungen bereits in der Antike vorhanden waren und als Stereotype fortgewirkt haben. Die Einteilung der Lebensalter in drei, vier, sechs und sieben Abschnitte gibt es durchgängig durch das Mittelalter hindurch, wobei die bildliche Darstellung sich ursprünglich der kreisförmigen Anordnung bediente, nicht der linearen oder treppenförmigen. Diese nimmt die Vorstellung vom Rad der Fortuna als Bildform für die Visualisierung des menschlichen Schicksals auf: Im Kreislauf des Lebens wird der Mensch nach oben gezogen, stürzt aber auch wieder hinab.

Eine solche kreisförmige Anordnung der Lebensphasen hat sich in dem um 1339 in Frankreich entstandenen Psalter Robert de Lisles erhalten: Die ganzseitige kolorierte Zeichnung zeigt ein Speichenrad, in dessen Nabe sich ein Bildnis Jesu befindet und das zehn Medaillons mit den Altersstufen von der Geburt bis zum Tod an seinen Enden trägt – eine Verkörperung von Zeit im Lebenslauf des Menschen, eingebunden in die Heilsgeschichte (Freeman Sandler 1983, S. 125). Zusätzlich zu den zehn Alterseinteilungen personifizieren vier Figuren in den Ecken der Miniatur die vier entscheidenden Phasen im männlichen Leben (beginnend links unten): Kindheit, tatkräftiges Mannesalter, weises Alter und Verfall. Die Alterseinteilungen insgesamt suggerieren zwar Ordnung und Berechenbarkeit des menschlichen Lebenszyklus, teilen ihn sinnhaft in Beziehung zum Kosmos oder zur Heilsgeschichte in Abschnitte ein, doch gibt es kein Entrinnen: Das hohe Alter besetzt die drei letzten Medaillons und geht schon damals in der Vorstellung immer mit einer körperlichen Gebrechlichkeit einher, zunächst visualisiert durch einen Stock und durch die Präsenz eines Kindes auf das Generationenverhältnis anspielend, dann bettlägerig, und die abschließend dargestellte Totenmesse nimmt das bittere Ende vorweg. Der Anteil der Menschen, die über 65 Jahre alt waren, war damals allerdings sehr gering (ca. 5 bis 7 Prozent), und das so entstandene Bild von den Hochaltrigen dürfte in unserer Gesellschaft auf die über Achtzigjährigen Anwendung finden.

Literatur

Freeman Sandler, F. (1983). The Psalter of Robert de Lisle in the British Library. London u. a.

Die späte Eltern-Kind-Beziehung und ihre Herausforderung ans Geben und Nehmen zwischen den Generationen

Bettina Ugolini

Wir werden immer älter. Das bringt auch mit sich, dass wir länger Eltern sind und länger Eltern haben. Das späte Miteinander von alten Kindern und ihren betagten Eltern ist anspruchsvoll und chancenreich. Im Alltag finden wir ein hohes Maß an Solidarität zwischen den Generationen, aber auch Herausforderungen und Konfliktpotenzial. Es folgt ein Blick auf dieses vorbildlose Miteinander – wichtig und lohnenswert zur besseren Gestaltung der letzten gemeinsamen Lebensphase.

Verbundenheit und Ablösung

Die normalen Lebensprozesse beinhalten eine Ablösung der Kinder von ihren Eltern mit zunehmendem Alter und wachsender Reife. Die Entwicklung einer eigenen Identität und das Erlangen von Autonomie werden dabei als zentrale Entwicklungsaufgaben bezeichnet. Die Ablösung von den Eltern wird als ein krisenhaftes Geschehen während der Pubertät dargestellt (vgl. Fend 1998). Die emotionale Verbundenheit muss aber im Laufe der Entwicklung nicht zwangsläufig abnehmen, im Gegenteil zeigen Untersuchungen eine gewisse Kontinuität der Bindung an die Eltern (vgl. Grossmann und Grossmann 1991). Rossi und Rossi (1990) lassen darauf schließen, dass sich die emotionale Nähe zu den Eltern im Jugendalter auf einem Tiefpunkt befindet und im jungen Erwachsenenalter eher wieder ansteigt.

Die Entwicklungsphase des reifen Erwachsenenalters bezeichnet Erikson in seiner Stadientheorie als die Phase der Integrität versus Verzweiflung und Ekel. Er beschreibt den Zustand der Integrität und damit verbunden die Beziehung zu den Eltern wie folgt: »(…) eine neue, andere Liebe zu den Eltern, frei von dem Wunsch, sie möchten anders gewesen sein, als sie waren, und die Bejahung der Tatsache, dass man für das eigene Leben allein verantwortlich ist« (Erikson 1966, S. 118 f.). So ist es durchaus vorstellbar, dass der Mensch erst, wenn er die Eltern nicht mehr für das eigene Leben verantwortlich macht, sie als Personen mit eigenen Bedürfnissen und einer eigenen Geschichte anerkennt. Erst dann ist das erwachsene Kind wirklich in der Lage, ihnen mit dem Maß an Respekt und Gelassenheit zu begegnen, das zur Toleranz gegenüber bestimmten Einstellungen und Verhaltensmustern führt.

Eltern-Kind-Beziehung bei Pflegebedürftigkeit

Von ganz besonderem Interesse für die Zukunft unserer Gesellschaft ist die Veränderung oder Akzentuierung dieser Generationenbeziehung, wenn die Eltern der Pflege und Betreuung bedürfen. Ein entwicklungspsychologisches Konzept, das sich mit dieser besonderen Problematik befasst, ist das Konzept der filialen Reife von Blenkner (1965). Ähnlich wie Erikson geht auch sie davon aus, dass die Eltern-Kind-Beziehung im Erwachsenenalter, insbesondere bei Eintritt einer gewissen Hilfsbedürftigkeit der Eltern, noch einmal eine neue Phase durchläuft. Blenkner unternimmt mit ihrem Konzept den Versuch, die Verantwortungsbereitschaft der Kinder in Zu-

Leidfaden, Heft 1 / 2021, S. 14–18, © Vandenhoeck & Ruprecht GmbH & Co. KG, Göttingen, 2021, ISSN 2192-1202

sammenhang mit den psychodynamischen Vorgängen im mittleren Lebensalter zu bringen. Im Alter von vierzig und fünfzig Jahren kommt es demnach zum Erleben, dass die Eltern nicht mehr wie bisher primär ein Halt für sie selbst sind, sondern zunehmend mehr der Hilfe ihrer Kinder bedürfen. Diese neue Lebensphase ist also dadurch gekennzeichnet, dass man den Eltern nicht mehr aus der Kinderrolle heraus begegnet, sondern vielmehr als reifer Erwachsener mit ihnen in Kontakt tritt.

Auch Blenkner spricht, ähnlich wie Erikson, von einer neuen Rolle und von einer anderen Form von Liebe. Die Eltern werden zum ersten Mal als Individuen mit eigenen Interessen und einer eigenen Lebensgeschichte gesehen.

Colourbox

Die Filiale Reife

Die Entwicklung einer filial-reifen Haltung ist oft mit dem Durchlaufen einer filialen Krise gekoppelt. Erst nachdem der Erwachsene diese letzte Stufe in der Entwicklung der »Kinderrolle« durchlaufen hat, ist er fähig, die Verantwortung für die Eltern zu übernehmen, ohne dass es gleichzeitig zu einem Rollentausch oder einer Parentifizierung kommt.

Teilaspekte der von Blenkner beschriebenen filialen Reife sind beispielsweise eine freiwillige, aus einer autonomen Position heraus erfolgende Zuwendung zu den Eltern, das Verständnis für die wesentlichen positiven und negativen Prägungen durch die Elternperson und das Einfühlungsvermögen in das Schwächerwerden des alternden Menschen.

Bruder (1988) betont, dass filiale Reife durch emotionale Selbstständigkeit gegenüber der Elternperson bei gleichzeitiger Sicherheit der Qualität der Beziehung gekennzeichnet ist. Es bedarf einer emotional autonomen Haltung, um den Verlust der Eltern pflegend erleben zu können, ohne dabei handlungsunfähig zu werden. Ein ebenso wichtiger Aspekt liegt in der Fähigkeit, unangemessene Schuldgefühle zu kontrollieren, denn diese können das Verhalten derart mitbestimmen, dass es nicht selten in Selbstaufopferung mündet.

Die parentale Reife

Diese neue Situation ist auch für die alternden Eltern nicht unproblematisch. Sie sind gefordert, parentale Reife zu entwickeln, das heißt, sie müssen die filiale Verantwortung akzeptieren lernen. Der Wunsch alter Menschen, in ihren sozialen Beziehungen einen reziproken Austausch von Unterstützungsleistungen zu leben, muss bei vermehrter Abhängigkeit dem Erlernen neuer Austauschformen weichen (vgl. Knipscheer 1989; Ingersoll-Dayton und Talbott 1992). Wenn dies außerhalb ihrer Möglichkeiten liegt, ist es an ihnen, das ungleich gewordene Verhältnis zu akzeptieren. So beinhaltet die zunehmende Pflege-

bedürftigkeit sowohl für die Eltern als auch für die erwachsenen Kinder eine Entwicklungsaufgabe, die schließlich je nach Bewältigung in filialer und parentaler Reife münden kann.

Ergänzende Aspekte zur Beziehungsgestaltung

Auch Faktoren wie etwa die räumliche Distanz spielen für die Gestaltung und die Enge von Beziehungen eine wichtige Rolle (vgl. Szydlik 1995). Trotz getrennten Wohnens der verschiedenen Generationen ergeben sich auch dann oft enge, intime Beziehungen und häufige Kontakte. Für diese Form von Generationenbeziehung werden Begriffe wie »innere Nähe durch äußere Distanz« oder »Intimität auf Abstand« verwendet (vgl. Rosenmayer und Köckeis 1965).

Cattari Pons / photocase.de

Soziale Unterstützung in der Familie wird meist über einen längeren Zeitraum eingefordert, sie ist vermutlich auch weniger von situativen Faktoren abhängig und fordert oft ein Engagement zusätzlich zur eigenen Belastung (vgl. Schütze und Wagner 1991). Für die Gruppe der jungen Alten, die nicht ernsthaft krank sind oder sonstige Einschränkungen aufweisen, steht Geben und Nehmen im Umgang mit ihren Kindern meist in einem ausgewogenen Verhältnis. Erst wenn Alters- und Gesundheitsprobleme auftreten, verändert sich das Verhältnis und die Möglichkeit der Reziprozität nimmt ab. Dieser Prozess ist für die Kinder häufig mit dem sozialen Druck verbunden, die Pflege der Eltern zu übernehmen. Als bester Prädiktor für die Pflegeerwartung der Eltern in Bezug auf ihre Kinder stellt sich die emotionale Beziehung oder gefühlsmäßige Bindung heraus (vgl. Bertram 1997).

In schwierigen Situationen wird auch heute in erster Linie in der eigenen Familie nach Hilfe und Unterstützung gesucht. Sich gegenseitig zu unterstützen stellt einen bedeutungsvollen Anteil der Familiendynamik dar. Ein Großteil der benötigten Hilfe wird von Kindern, insbesondere von Töchtern und Schwiegertöchtern, geleistet (Atthias-Donfut 1993).

Noch ohne Vorbild

Wir leben in einem Zustand der Vorbildlosigkeit! Erstens dauerte historisch gesehen diese Beziehung noch nie so lange wie heute. Zweitens sind die meisten Frauen um fünfzig berufstätig und somit weniger in der Lage, für die Eltern da zu sein. Und drittens sind die geografischen Distanzen zwischen den in die Jahre gekommenen Kindern und ihren Eltern migrationsbedingt zuweilen beträchtlich groß. François Höpflinger (1999) spricht diesbezüglich von Verwandtschaftsverhältnissen, die mit dem Bild der »Bohnenstange«

veranschaulicht werden können. Wegen der immer geringeren Kinderzahl pro Familie schwindet zwar die Vielfalt verwandtschaftlicher Beziehungen, dafür verlängern sich die vorhandenen Beziehungen, sie schießen nach Höpflinger quasi bohnenstangenartig in eine nie gekannte Länge beziehungsweise Altershöhe. Unsere Gesellschaft entwickelt sich mehr und mehr zu einer lang andauernden Drei-Generationen- oder allmählich sogar zu einer Vier-Generationen-Gesellschaft.

Zusammenfassend lässt sich mit Schütze und Wagner (1991) dennoch sagen, dass zentrale Funktionsbereiche bestehen bleiben, auch wenn sich die Familie und ihre Struktur in den letzten Jahrzehnten verändert haben und bestimmte Aufgaben und Leistungen an andere gesellschaftliche Bereiche abgegeben wurden. Obwohl die Pflegebedürftigkeit der Eltern mit besonderen Anforderungen einhergeht, sind erwachsene Kinder grundsätzlich auch heute bereit, einen großen Teil der Betreuung der Eltern zu übernehmen.

Dieses historische Novum ist spektakulär. Wir betreten somit Neuland, wenn wir beispielsweise den Alltag von sechzigjährigen Kindern und bald neunzigjährigen Eltern betrachten. Noch ist es ein Alltag ohne Vorbilder. Ein Alltag voller Suchbewegungen. Wer Neuland betritt, braucht Orientierung, um diese neuen Herausforderungen in der Beziehungsgestaltung zu bewältigen. Wie umgehen mit Ansprüchen, Schuldgefühlen, Verpflichtungsgedanken im Spannungsfeld zwischen eigenen Wünschen und Bedürfnissen und dem Unterstützungsbedarf der älteren Generation?

Dass die ausbalancierte Verbundenheit in der Abgrenzung und das Sich-Einlassen unter Berücksichtigung der lang gelebten Beziehung möglich und selbstverständlich sind, wäre aus meiner Sicht das Ziel eines qualitativ guten Miteinanders der Generationen der Zukunft. Damit sind Beratung und Begleitung dieser Familienbeziehungen bedeutsamer als je zuvor.

Bettina Ugolini hat eine Ausbildung zur Pflegefachfrau sowie Studium und Promotion im Fach Psychologie absolviert. Sie leitet die psychologische Beratungsstelle »LiA – Leben im Alter« am Zentrum für Gerontologie der Universität Zürich. Ihr Hauptinteresse gilt der Beratung alter Menschen und ihrer Angehörigen und der Unterstützung verschiedener Berufsgruppen bei Fragen rund um das Thema Alter.

Kontakt: bettina.ugolini@zfg.uzh.ch

Literatur

Atthias-Donfut, C. (1993). Die Abhängigkeit alter Menschen: Verpflichtungen der Familie – Verpflichtungen des Staates. In: Lüscher, K.; Schultheiss, F. (Hrsg.): Generationenbeziehungen in »postmodernen« Gesellschaften (S. 355–370). Konstanz.

Bertram, H. (1997). Familien leben. Neue Wege zur flexiblen Gestaltung von Lebenszeit, Arbeitszeit und Familienzeit. Gütersloh.

Blenkner, M. (1965). Social work and family relations in later life with some thoughts on filial maturity. In: Shanas, E.; Streib, G. (Hrsg.): Social structure and the family: Generational relations (S. 46–59). Upper Saddle River.

Bruder, J. (1988). Filiale Reife – ein wichtiges Konzept für die familiäre Versorgung kranker, insbesondere dementer Menschen. In: Zeitschrift für Gerontopsychologie und Psychiatrie, 1, S. 95–101.

Erikson, E. H. (1966). Identität und Lebenszyklus. Drei Aufsätze. Frankfurt a. M.

Fend, H. (1998). Eltern und Freunde. Soziale Entwicklung im Jugendalter. Band 5. Bern.

Grossmann, K. E.; Grossmann, K. (1991). The wider concept of attachment in cross cultural research. In: Human Development. 33, S. 31–47.

Höpflinger, F. (1999). Generationenfrage – Konzepte, theoretische Ansätze und Beobachtungen zu Generationenbeziehungen in späteren Lebensphasen. Lausanne.

Ingersoll-Dayton, B.; Talbott, M. M. (1992). Assessments of social support exchanges: Cognitions of the old-old. In: International Journal of Aging and Human Development, 35, 2, S. 125–143.

Knipscheer, K. (1989). Familiäre Pflege, Reife und erfolgreiches Altern. In: Baltes, M.; Kohli, M.; Sames, K. (Hrsg.): Erfolgreiches Altern. Bedingungen und Variationen (S. 142–148). Bern.

Rosenmayr, L.; Köckeis, E. (1965). Umwelt und Familie alter Menschen. Neuwied.

Rossi, A. S.; Rossi, P. H. (1990). Of human bonding: Parent-child relations across the life course. New York.

Schütze, Y.; Wagner, M. (1991). Sozialstrukturelle, normative und emotionale Determinanten der Beziehungen zwischen erwachsenen Kindern und ihren Eltern. In: Zeitschrift für Sozialisationsforschung und Erziehungssoziologie, 11, S. 295–313.

Szydlik, M. (1995). Die Enge der Beziehungen zwischen erwachsenen Kindern und ihren Eltern und umgekehrt. In: Zeitschrift für Soziologie, 24, 75–94.

Alter als Dämon?

Alt werden als Herausforderung des Einzelnen und der Gesellschaft

Anna Janhsen

Schaut man in die Regale von Buchhandlungen, so fallen einem im Bereich des Lifestyles Ratgeber mit sogenannten Anti-Aging-Programmen ins Auge, die ewige Jugend versprechen. Bereits antike Mythen und mittelalterliche Legenden, wie zum Beispiel die Suche nach dem Heiligen Gral oder dem Stein der Unsterblichkeit, deuten in dieselbe Richtung: die Überwindung des Alter(n)s. Diese Sehnsucht nach der Ausdehnung beziehungsweise Rückgewinnung von Jugendlichkeit, verbunden mit Vorstellungen von Gesundheit, Schönheit und Zufriedenheit, stellt demnach kulturgeschichtlich einen alten Topos dar.

War dieser Menschheitstraum nach ewiger Jugend lange Zeit tatsächlich allerdings nicht mehr als ein Traum und Wunschgedanke, so stellt sich angesichts der gegenwärtigen Möglichkeiten etwa der Bio- und Medizintechnik die Frage, inwiefern es sich tatsächlich noch um einen Traum handelt. Zwar gab es bereits in der Antike, im Mittelalter und in der frühen Neuzeit heilkundliche Ratschläge und Rituale, die ein langes und gesundes Leben versprachen, jedoch wird im Zuge des wissenschaftlich-technischen Fortschritts und der aufkommenden Jugendlichkeitskultur der modernen Industriegesellschaft eine vermeintliche Dämonisierung des Alters zu einem immer radikaler erscheinenden Projekt. Wenn aber die individuelle Herausforderung des Alters gelöst ist, lösen sich dann wirklich die Probleme der Welt, wie es der »Untertitel« des seinerzeit viel Aufmerksamkeit erregenden Buchs »Das Methusalem-Komplott« von Frank Schirrmacher (2004) nahelegt?

Betrachtet man jenseits der individuellen Erfahrungen des Alterns die demografischen Entwicklungen im letzten Jahrhundert, so lässt sich Alter darüber hinaus auch noch als ganz andere Herausforderung stilisieren: nämlich als eine soziale. So ist ein hohes Lebensalter zwar kein Phänomen der Moderne, jedoch ist sein Erreichen gegenwärtig zur erwartbaren Normalität und zum Massenphänomen geworden. Die Personengruppe der über Achtzigjährigen ist die gegenwärtig am schnellsten wachsende Bevölkerungsgruppe (Statistisches Bundesamt 2015). Alter scheint somit in einem grundlegenden Spannungsfeld aus medizinisch-biologisch-technischen Allmachtsfantasien und einer bereits jetzt zur demografischen »Überalterung« führenden Gesellschaftsentwicklung zu stehen. Ist Alter jedoch – wie insbesondere von Anti-Aging und Transhumanismus propagiert – lediglich als jener Dämon anzusehen, der durch Verfallsprozesse, Leiden und Schmerzen beschrieben werden kann?

Alter(n) – eine Frage der Perspektive

Fragt man danach, was Altern eigentlich ist, so erscheint dies auf den ersten Blick banal. Eine eindeutige Antwort darauf zu geben kann sich jedoch als schwieriger gestalten, als man landläufig annimmt. So legen unterschiedliche wissenschaftliche Disziplinen unterschiedliche Kriterien zur Bestimmung von Alter(n) vor, die selbst innerhalb dieser Disziplin aufgrund spezialisierter Ausdifferenzierungen noch variieren können. Im alltäglichen Sprachgebrauch werden Angaben zum Alter einer Person in der Regel in kalendarischen Bezifferungen beziehungsweise mittels des chronologischen Alters gemacht (Erber 2010). Daran festgemacht lassen sich eindeutige Altersgrenzen definieren, die den Übergang von einer Lebensphase in die nächste terminieren und Lebensverläufe dadurch verzeitlichen. Eine inhaltliche Bestimmung, was es heißt, alt zu sein, lässt sich daraus jedoch nicht ableiten.

Anders sieht dies aus bei biologischen, psychologischen und sozialen Bestimmungen des alternden Menschen, die stärker inhaltlich und am Prozess des Alterns selbst orientiert sind. Biologische und psychologische Bestimmungen des Alters einer Person gehen dabei klassischerweise von einer sich zwischen Geburt und Tod spannenden Leistungskurve aus, die ihre Klimax auf der organisch höchsten Leistungsfähigkeit hat (Erber 2010). Die Bestimmung des Alters orientiert sich demnach an psychischen und physischen Normwerten. Das soziale Alter einer Person wird im Gegensatz dazu stärker durch gesellschaftsspezifische Alter(n)skonstrukte (Altersgruppenzugehörigkeit, Altersattribute) als Referenzwerte bestimmt, die im sozialen Diskurs ausgehandelt werden.

Wie sich in dieser schemenhaften Systematisierung von Theorien zum Altern gezeigt hat, hängt die Definition von Alter von der Perspektive der Betrachtung und der damit einhergehenden Betrachtungsweise des Alterungsprozesses (bio-psycho-sozial, demografisch, fokussiert auf einzelne altersassoziierte Merkmale oder im Kontext des Lebensverlaufs) ab. Altern ist somit nicht monokausal und rein pathologisch zu erklären. Vielmehr ist die enorme Heterogenität des Alters das Ergebnis einer Kombination verschiedener Faktoren. Diese legen nahe, dass es sich beim Alter(n) weniger um einen fixen, statischen Zustand mit klar definierten Eintrittsmerkmalen handelt als um einen Seinszustand, der ein kalendarisches Alter in den Gesamtzusammenhang des Lebens- und damit des Alterns- und Entwicklungsverlaufs stellt. Altern ist somit vielmehr »eine recht offene Phase des menschlichen Lebens« (Blasberg-Kuhnke und Wittrahm 2007, S. 15), die durch Pluralität und Individualisierung gekennzeichnet ist.

Alter(n) als individuelle Herausforderung

Die gerade angesprochenen Zugänge bieten jeweils Hinweise auf die Bestimmung des Alters, werden der Existenzialität und Exklusivität des Alterns für einen jeden Menschen jedoch nicht

gerecht. So ist es nicht irgendein Objekt, das altert, sondern ein Subjekt mit unhintergehbaren Erfahrungen, Deutungen und Sichtweisen. Alter kann somit auch als eine subjektive ontologische Bestimmung des Altseins in Korrelation mit dem eigenen Selbstbild definiert werden, in der eine Person selbst Referenzpunkt der Alter(n)sdeutung ist (de Beauvoir 1972).

Die Hervorhebung aller Pluralität und Heterogenität des Alter(n)s soll dabei nicht über die Tatsache hinwegtäuschen, dass es in höherem Lebensalter mit höherer Wahrscheinlichkeit zu einer zunehmenden Vulnerabilität und Verletzlichkeit kommt. Diese stehen in engem Zusammenhang mit den Topoi des näher rückenden Todes, der immer weniger zur Verfügung stehenden Lebenszeit, der Erfahrung vieler gelebter Lebensjahre und den daraus generierten Ressourcen zur Aufrechterhaltung von Lebensqualität. Der individuelle Alterungsprozess birgt darüber hinaus für den Einzelnen Herausforderungen, eine je eigene Altersidentität mit all seinen oder ihren biopsycho-sozialen Veränderungen und möglicherweise einhergehenden Ohnmachtserfahrungen herauszubilden. Diese Erfahrungen auszuhalten und sich zugleich konstruktiv-kreativ damit auseinanderzusetzen, um nicht in eine reine Altersklage zu verfallen, ist bleibende Aufgabe für die

Mike Ver Sprill / Shutterstock.com

Einzelne und den Einzelnen. Dies gilt etwa auch für die (Neu-)Gestaltung und (Neu-)Ausrichtung des eigenen Lebens, wenn gewohnte Sinnstrukturen und Sinnressourcen sich verändern oder Alltägliches zur neuen Herausforderung wird (Rüegger 2016). Vernetzung und Austausch können hier einen wertvollen Beitrag leisten.

Alter(n) als bleibende gesellschaftliche Herausforderung

Auch zeigen die Heterogenität und Mehrdimensionalität des Alterns, dass sich das Alter als eigene Lebensphase weder ausschließlich über physische und/oder psychische Merkmale hinreichend beschreiben lässt noch über Merkmale lebenslanger Lern- und Entwicklungsfähigkeit. So kann es mit zunehmendem Alter sowohl zu Funktionseinbußen, Verlusterfahrungen und steigender Vulnerabilität als auch zum Ausbau bestimmter Wissensbereiche, Veränderungen in der Selbst- und Weltwahrnehmung (etwa Lebensweisheit), Lebensgestaltung (zum Beispiel Coping, Generativität) und Lebensausrichtung (zum Beispiel Transzendenz) kommen (Kruse 2013). Eine Homogenisierung und Reduzierung des Alters auf den körperlichen Verfallsprozess wird der Realität und den im Alter liegenden spezifischen Potenzialen nicht gerecht und beschwört einen Dämon erst herauf, den es gar nicht gibt. Erst eine reduktionistische Pathologisierung von altersbedingten Veränderungen ebnet solch homogenisierenden Sichtweisen und den Tendenzen zur Negation und Diskriminierung von Alterserscheinungen den Boden.

Analog zum Diskurs über die soziale Konstruktion von Behinderung zeigt sich mit Blick auf die gesellschaftliche Stellung von alten Menschen, dass man nicht einfach alt ist oder wird, sondern durch soziale Zuschreibungen, die sich an symbolische Ausdrucksformen knüpfen (nicht gesund, nicht selbstständig, nicht produktiv oder nicht jung), alt gemacht wird (vgl. Schroeter 2009). Alternde Menschen unterliegen demnach einer (Be-)Wertung von außen, in der sich Altersnormen manifestieren, die für alternde Menschen selbst eine Belastung darstellen können und die Erfahrungen des Älterwerdens bereits im Vorfeld zur Herausforderung werden lassen.

Dementgegen Identifikationsangebote einer positiv konnotierten und erlebten Altersidentität anzubieten, die jenseits eines Funktionalitäts- und Produktivitätsparadigmas liegt, ist bleibende gesellschaftliche Herausforderung. Alter(n) ist schließlich kein Modethema, sondern geht die Gesellschaft in der Schaffung einer altersfreundlichen Kultur im Ganzen als Querschnittsaufgabe an, die der Komplexität und Pluralität des Alter(n)s gerecht wird.

Dr. **Anna Janhsen** ist Referentin für ethische und religiöse Bildung in der Pflege beim Diözesan-Caritasverband für das Erzbistum Köln e. V. und wissenschaftliche Mitarbeiterin im DFG FOR »Resilienz in Religion und Spiritualität« an der Universität zu Köln. Zuvor arbeitete sie als wissenschaftliche Mitarbeiterin an der NRW80+-Hochaltrigenstudie an der Universität zu Köln mit.

Kontakt: anna.janhsen@caritasnet.de

Literatur

de Beauvoir, S. (1972). Das Alter. Reinbek.
Blasberg-Kuhnke, M.; Wittrahm, A. (2007). Die christliche Freiheit, alt zu sein – Altern in Freiheit und Würde als praktisch-theologische Herausforderung. In: Blasberg-Kuhnke, M.; Wittrahm, A. (Hrsg.): Altern in Freiheit und Würde. Handbuch christlicher Altenarbeit (S. 15–28). München.
Erber, J. T. (2010). Aging and older adulthood. Chichester.
Kruse, A. (2013). Der gesellschaftlich und individuell verantwortliche Umgang mit Potentialen und Verletzlichkeit im Alter – Wege zu einer Anthropologie des Alters. In: Rentsch, T.; Zimmermann, H.-P.; Kruse, A. (Hrsg.): Altern in unserer Zeit. Späte Lebensphasen zwischen Vitalität und Endlichkeit (S. 29–64). Frankfurt a. M.
Rüegger, H. (2016). Vom Sinn im hohen Alter. Eine theologische und ethische Auseinandersetzung. Zürich.
Schirrmacher, F. (2004). Das Methusalem-Komplott. München.
Schroeter, K. R. (2009). Die Normierung alternder Körper – gouvernementale Aspekte des doing age. In: van Dyk, S.; Lessenich, S. (Hrsg.): Die jungen Alten. Analysen einer neuen Sozialfigur (S. 359–379). Frankfurt a. M.
Statistisches Bundesamt (2015). Bevölkerung Deutschlands bis 2060. 13. koordinierte Bevölkerungsvorausberechnung. Wiesbaden.

Albrecht Dürer: Barbara Dürer, geb. Holper, Zeichnung, 1514

Albrecht Dürer malte das Bildnis seiner Mutter Barbara zwei Monate vor ihrem Tod und bewahrte es bis zu seinem eigenen Tod in seiner Schlafkammer auf. Die Zeichnung zeigt die 63-jährige Frau mit allen Kennzeichen von Hochaltrigkeit: der hervortretenden, in dünne Falten gelegten Stirn, den kaum angedeuteten Schläfenadern, tief liegenden Augenhöhlen, markant geschnittenen Jochbeinen, schmalen Lippen, schlaffen Wangen und einer durch das Alter deutlich länger gewordenen Nase. Insbesondere die ausgemergelte Hals- und Schlüsselbeinpartie mit den sichtbar hervorkommenden Sehnen und Knochen führt die altersbedingte Gebrechlichkeit vor Augen. Trotz der schonungslosen Darstellungsweise gibt uns Dürer kein abschreckendes Beispiel für einen alternden Frauenkörper, wie es ansonsten in dieser Zeit üblich war: Damals überwogen Darstellungen von alten Frauenkörpern, bei denen das weibliche Alter durch einen ausgemergelten Körper, eine faltige Haut, hervortretende Gelenkknochen, schlaffe Brüste, zottelige Haare und einen schief verzogenen, halb geöffneten Mund mit lückenhaften Zahnreihen als besonders abstoßend gezeigt wurde.

Wenngleich den Medizinern der Renaissance klar war, dass alle Menschen einem kontinuierlichen Prozess der körperlichen Veränderung unterlagen, der in einem unmittelbaren Zusammenhang mit dem Alter und der Gesundheit stand, hielten sie an der antiken (aristotelischen) Lehrmeinung fest, dass der Körper einer Frau schneller und offensichtlicher altert als derjenige eines Mannes, und dies auch noch innerhalb einer kürzeren Zeitspanne. Schon damals waren Traktate mit Rezepten verbreitet, die Runzeln im Gesicht, an den Händen und am Bauch zu glätten halfen sowie den Busen straff halten sollten; allein die Existenz dieser Rezepte weist darauf hin, dass die altersbedingten Veränderungen am weiblichen Körper durchaus wahrgenommen wurden. Hier finden wir eine ungebrochene Traditionsschiene bis in unsere Zeit: Beispielhaft mag hierfür die Werbung von Cremes und Bodylotions stehen, die ergraute Models mit einem makel- und faltenlosen Körper zeigen. Glatte und feste Haut wird auch heute noch als erstrebenswertes Ideal alternder Frauen propagiert, auch wenn dies der Natur der Sache widerspricht.

Alter ist Lebenschance

Selbstverwirklichung und Lebensfülle erwarten viele im Alter, wenn sie sich den Möglichkeiten stellen

Heiderose Gärtner-Schultz

Altern ist Chance

»Als Informatik-Ingenieur hatte ich eine wichtige Rolle in meiner Firma, ohne mich lief gar nichts«, so berichtete mir ein 66-jähriger Mann. Bedingt durch eine Krankheit nahm er eine Vorruhestandsregelung in Anspruch und stürzte aus einem 10-Stunden-Tag, geprägt von Berufsarbeit, in die Leere. »Das Feriengefühl war bald vorbei,« klagte er, »wenn man bisher kaum Zeit für sich und irgendwelche Hobbys hatte, ist das nicht so einfach.« Wie es der Zufall wollte, wurde er eines Tages beim Kirchencafé nach dem Gottesdienst angesprochen, ob er nicht Interesse hätte, sich im Hospizverein zu engagieren. Er zögerte zunächst und half dann dabei, wie es seiner Ausbildung entsprach, die Kasse zu führen. Zudem weckte dieses Engagement sein Interesse an der inhaltlichen Arbeit des Vereins, und er machte eine Fortbildung zum Hospizbegleiter. »In dieser Arbeit gehe ich auf«, flüsterte er mir strahlend zu, »die Kasse kann jemand anders machen!«

Älter zu werden, in die Nach-Berufs-Lebensphase einzutreten, bedeutet, Chancen zur Selbstverwirklichung zu erhalten. Das machen zu können und das tun zu dürfen, was man wirklich, eigentlich von innen heraus tun will, ohne abhängig zu sein, weil man den Lebensunterhalt damit verdienen muss, ist die Chance dieser Lebenszeit. Um diese Alterschancen ergreifen zu können, ist ein anderes Altersbild nötig, als es in vielen Bereichen vorherrscht. Altern wird vielfach defizitär dargestellt, beispielsweise dadurch, dass Werbespots entsprechende Mittel zum Ausgleich der angeblichen Alterseinbußen anbieten.

Altersdeutungen

Alter bedeutet Verfall

Was bedeutet Altern? Es sind die Deutungen, die dieser Lebensphase gegeben werden, die das Leben beschwerlich oder angenehm machen können.

Der Schriftsteller Jean Améry, 1912 in Wien geboren, starb 1978 durch Suizid. Für ihn war das Altern ein Feind, der ihn angreift. Gnadenlos wird von Améry der Verfall des Körpers nachgezeichnet: »Wir mögen dem Spiegel ausweichen. Wir können aber nicht verhindern, dass wir unsere Hände sehen, an denen die Adern hervortreten, unseren Bauch, der schlaff und faltig wird, unsere Füße, deren Zehennägel trotz aller Pedikürkünste verdicken und rissig wurden (…) Er wird Hülle – das Wort von der ›sterblichen Hülle‹ drängt wohl jedem Alternden sich auf, der seinem leiblichen Geschehen nachdenkt« (Améry 1968/1997, S. 45 f.). Améry hat den körperlichen Verfall drastisch beschrieben und seine Antwort darauf war der Suizid.

Altern: Es kommt etwas Neues

Eine andere Haltung gegenüber dem Alter spiegelt sich bei Midas Dekkers: »Menschen, die jung

Leidfaden, Heft 1 / 2021, S. 24–28, © Vandenhoeck & Ruprecht GmbH & Co. KG, Göttingen, 2021, ISSN 2192-1202

bleiben wollen, verlängern ihr Leben nicht, sie verkürzen es (…) Es ist, als wollte man nach der Pause nicht mehr in den Theatersaal zurück, weil man fürchtet, das Stück könne zu Ende gehen. Aber das Zu-Ende-Gehen ist nun einmal das Wesentliche an einem Theaterstück, Film oder Roman (…) Wie kann einen etwas interessieren, wenn man nicht auf den Ausgang neugierig ist?« (Dekkers 1999, S. 280). Eine wichtige Lebensphase beginnt mit dem Altern, sie ist spannend und erfüllend.

Altern als Konzentration

Der verstorbene Bonner Neurophysiologe Detlef B. Linke, Mitglied der Nationalen Akademie für Ethik und Medizin, plädierte für eine positive Interpretation der Veränderungen, die sich im Alter abzeichnen und durch bildgebende Verfahren im Gehirn sichtbar zu machen sind. »Dennoch meinen wir, dass die biologischen Daten zum Alterungsprozess nicht negativ gewertet werden müssen, sondern durch Einbeziehung weiterer Perspektiven einen positiv ausgerichteten Vorgang erkennen lassen, den wir als Fokussierung bezeichnen möchten« (Linke 1991, S. 27). Diese Veränderungen stellen einen positiven Vorgang im Sinne einer Fokussierung auf den wesentlichen Kern und die wichtigsten Aspekte einer Persönlichkeit dar. *Alterungsvorgänge werden demnach als Zuspitzung auf den Wesenskern verstanden.*

Alter als Vollendung

Viktor E. Frankl, der Begründer der Logotherapie und Existenzanalyse, war Arzt und Psychotherapeut. Er entwickelte eine andere Sicht auf das Altern und die Vergänglichkeit. Er legte den Menschen nicht auf eine psychologische Theorie fest. Vielmehr bezog sein logotherapeutisches Menschenbild den Geist als anthropologische Grundkonstante in die Überlegung vom Menschsein mit ein. Er lenkte den Blick darauf, dass nichts vom Gewesenen verloren ist, sondern alles aufgehoben ist, das heißt, es bleibt ein Teil des Lebens. Der Tod vollendet ein Menschenleben. Der älter werdende Mensch kann seine Vergangenheit als kostbares Gut annehmen, denn die Vergangenheit ist etwas Unverlierbares. Diese Einstellung ruft die besondere Verantwortung für die Gegenwart hervor.

Alter kann die längste Lebensphase eines Menschen sein: In der heutigen Zeit kann diese vom 65. Lebensjahr bis weit über 90 Jahre gehen. Sie kann oft durch gute medizinische Betreuung im Alter in guter Gesundheit verbracht werden.

Eure Alten sollen Träume haben

Altersdeutungen beeinflussen das Leben von Menschen. Aber was ist eigentlich Alter, gibt es das überhaupt oder wird es nur suggeriert? Ist das Leben so wie die Liebe, die auch kein Alter kennt?

> Da saßen sie mir gegenüber: Ein 81-jähriger Mann und eine 80-jährige Frau erklärten mir, welche Veranstaltungen sie am Wochenende besuchen würden. Plötzlich hielt die Frau inne und sagte: »Nicht, dass sie etwas falsch verstehen, wir sind nicht verheiratet. Wir sind ein Paar.« »Oh, schön, wie lange sind Sie zusammen?«, fragte ich. »Fünf Jahre«, hieß die Antwort.

Liebe kennt kein Alter. Leben kennt kein Alter. Jede Lebensphase hat ihre Spezifika. So gibt es keine altersspezifischen Fragen, es gibt Grundfragen der Ethik und des Lebenssinns in allen Lebenszeiten. »Die späte Lebenszeit lässt sich nämlich als eine Radikalisierung der menschlichen Grundsituation verstehen« (Rentsch, Blogbeitrag 27.11.2016, www.Philosophie.ch). Menschen stehen wie alles, was lebt, in der Zeit. Die Lebensaufgabe bleibt und diese heißt: Das Leben ist im Wesentlichen das Werden des Menschen zu sich selbst.

Im Alten Testament werden die Menschen nach ihrer körperlichen Leistungsfähigkeit in Geld bewertet, der alte Mensch kommt schlecht dabei weg. Aber dort heißt es auch: »(…) eure Alten sollen Träume haben« (Joel 3,1).

Die Gleichstellung von Jung und Alt und damit die Gleichbehandlung von Menschen, unabhängig vom Alter, wird gesichert und garantiert durch den Heiligen Geist. Das Neue Testament kennt keine Altersphasen, kennt kein Alter. Die Existenz des menschlichen Lebens ist bedingungslos wertvoll, der Garant ist Gott, der Schöpfer des Lebens. Das bedeutet für heute übersetzt und ist auch so im Grundgesetz verankert: Die Würde des Menschen ist, bis zum Tod und über ihn hinaus, unantastbar.

Im Alten Testament ist ein alter Mensch nicht viel wert, weil die körperlichen Kräfte nachlassen. Sein Erfahrungswissen wird allerdings den Jungen anempfohlen. Diese Form des Wissens hat in der heutigen Zeit ein schnelles Verfallsdatum. Der Heilige Geist, von dem auch schon beim Propheten Joel die Rede ist, hebt die menschlichen Altersbewertungen auf: »(…) eure Alten sollen Träume haben«! Träume bedeuten in diesem alttestamentlichen Zusammenhang Ähnliches wie Visionen. Es geht um Zukunftsentwürfe, die auf Ziele ausgerichtet sind, deren Verwirklichungen im jetzigen Augenblick noch nicht möglich erscheinen, aber zu erreichen wären.

Wegwendung vom Unabwendbaren hin zum Raum der Freiheit

Weltbedingungen

Die Lebens- und vor allem die Arbeitswelt des Menschen von heute sind geprägt von Komplexität, Mehrdeutigkeit, Unsicherheit und Verletzlichkeit. Wenig ist vorhersag- und voraussehbar, ständiger Wandel, zum Beispiel bis hin zum Geschlechterverständnis, kennzeichnet die Welt. Der Mensch fühlt sich oft überfordert und ist den Veränderungen nicht gewachsen. Die beschriebene »Unzulänglichkeit« wurde bisher alten Menschen zugesprochen. Aber alle Menschen teilen diese Bedingungen der Welt. Menschen leben in einer fragilen Zeit, die Lebensbedingungen ändern sich ständig durch Weiterentwicklungen, was gestern galt, gilt eventuell heute nicht mehr, Vertrautes wird in Frage gestellt, Sicherheiten werden zerstört, die Zukunft erscheint ungewiss. Hinter dem Akronym VUCA verbirgt sich ein Weltverständnis, das von Unbeständigkeit (Volatility), Unsicherheit (Uncertainty), Komplexität (Complexity) und Mehrdeutigkeit (Ambiguity) geprägt ist (https://wirtschaftslexikon.gabler.de/definition/vuca-119684/version-368877).

Neustart

Das biblische Wissen, dass alte Menschen Träume haben, wird heutzutage neu entdeckt. Die Antwort auf eine lebensfähige Weltgestaltung ist die Vision, so sehen es die VUCA-Forscher. Visionen tragen nach vorne, geben Kraft und sind beseelend. Vorrausschauendes Handeln ist gerade Menschen möglich, die einen inneren Überblick und Lebenserfahrung haben. Sie haben die Kraft zu einer neuen Gesamtschau.

Es gilt, Altersdeutungen keine erhöhte Aufmerksamkeit zu schenken. Jede Problemverhaftung verschlimmert die Situation. Eine Wegwendung von Negativem bedeutet eine Dezentrierung. Diese durchstößt Barrieren, Vorurteile im Kopf und öffnet Türen. Es entstehen innere Räume, die Platz lassen für Neues, für Visionen. Kontingenzbewältigung im Angesicht einer prinzipiell unübersichtlichen, überkomplexen, schwer bewältigbaren Lebensrealität in der Gesellschaft wird möglich. Nur in einer Wegwendung vom Unabwendbaren hin zum Raum, der Freiheit bietet und Visionen zulässt, werden Handlungsoptionen frei.

Konkretion

Individuell

Um die eigenen Lebensvisionen zu verwirklichen, müssen die individuellen Wünsche und Vorstellungen von dem, was in dieser Lebensphase des Alterns getan werden soll, eingestanden werden: »Was will ich, was kann ich oder kann ich erlernen, wo werde ich gebraucht?« Der Mut, etwas Entscheidendes für sich selbst neu zu beginnen, ist nötig. Dabei helfen die Vision und das Zutrauen, dass Ältere Träume haben, die verwirklicht werden können.

Gesellschaftlich

Es sind die ersten Generationen von Menschen, die in großer Anzahl ein sehr hohes Alter erreichen. Wie kann man damit umgehen? Diese Generationen haben die Aufgabe, Vorbild zu sein, vorzuleben, wie gelingendes und erfülltes Alter aussehen kann. Eine Infrastruktur ist notwendig und wird in Zukunft vorhanden sein, die einen Kompetenzmarkt, eine Vermittlungsstelle, einen Börsenplatz bietet, an dem Angebot und Nachfrage geregelt werden. Dort gibt es Fort- und Weiterbildungsmöglichkeiten für die Bereiche, die sich ein Mensch in späten Jahren erschließen will. Im Modell »Alte helfen Alten« schließen sich Ältere in Wohn- und Hausgemeinschaften zusammen und unterstützen sich gegenseitig durch ihre Fähigkeiten und Möglichkeiten – im Garten, im Haus und in der Küche.

»Das verbissene Streben nach Sicherheit ist die stärkste Bremse beim Wachstum im Alter« (Schumacher 2014, S. 248). Denn Visionen, Kreativität und Mut sind gefragt, um die Chance »Altern« wahrzunehmen und den Teil von sich, den man bisher noch nicht einbringen konnte, wahr werden zu lassen.

Dr. **Heiderose Gärtner-Schultz,** Theologie, Sinnorientierte Psychotherapie, M. A. Kunstanaloges Coaching, Fachbuchautorin und Publizistin, steht für das Forschungsthema Altern. Sie ist im Vorstand des Evangelischen Seniorenwerks Deutschland.

Kontakt: heiderose@gaertner-schultz.de
Website: www.gaertner-schultz.de

Literatur

Améry, J. (1968/1997). Über das Altern. Revolte und Resignation. Stuttgart.
Dekkers, M. (1999). An allem nagt der Zahn der Zeit. vom Reiz der Vergänglichkeit. München.
Frankl, V. E. (1946). Ärztliche Seelsorge. Grundlagen der Logotherapie und Existenzanalyse. Wien.
Gärtner-Schultz, H. (2015). Altern. Speyer.
Linke, D. B. (1991). In Würde altern und sterben. Zur Ethik der Medizin. Gütersloh.
Maul, S. (2020). Das Alter ehren: Vorstellungen vom Alter und Sorge um die Alten im alten Orient. Heidelberg.
Schumacher, H. (2014). Restlaufzeit. Wie ein gutes, lustiges und bezahlbares Leben im Alter gelingen kann. Köln.
Zielke, N. (2020). Wohnkultur im Alter. Eine qualitative Studie zum Übergang ins Altenheim. Bielefeld.

Lebensentwürfe für die Zeit nach 65

Was nehmen sich Menschen für den Übergang in die Pensionierung vor?

Urs Kalbermatten

Ausgewählte Gedanken zum Alter

Ein Zitat von Goethe (1825) greift für unser Thema ein zentrales Bild auf: »Älter werden heißt: selbst ein neues Geschäft antreten; alle Verhältnisse verändern sich, und man muss entweder zu handeln ganz aufhören oder mit Willen und Bewusstsein das neue Rollenfach übernehmen.« Im Gegensatz zu vielen zeitgenössischen Schriftstellern und Wissenschaftlern stellt Goethe nicht das Verharren in der Vergangenheit, Kontinuität und Erfahrung im Alter in den Vordergrund, sondern setzt den Aspekt des Neuen als Leitziel des Alters ein. Nach ihm erfordert das Alter, sich bewusst auf neue Handlungen und Rollen einzulassen, da alles im Wandel ist. Darum ist dieser Beitrag unter dem Titel »Lebensentwürfe« bewusst auf die Zukunft und Planung im Alter ausgerichtet. Dabei konzentriere ich mich auf die Vorstellung von zwei Kategoriensystemen, die in Forschung, Bildung und Beratung verwendet werden.

Die Lebensphase Alter hat sich in den letzten Jahrzehnten stark verändert. Alter hat sich zeitlich sehr ausgedehnt und die älteren Menschen sind heute länger körperlich und geistig fit als früher. Folglich sind auch innovative Altersentwürfe möglich, wie es für die meisten Menschen früher nicht der Fall war. Es bedingt aber ein Umdenken der heutigen älteren Menschen, um sich im Neuland Alter auf wenig erprobten Wegen neu erfinden zu können. Das Alter unterscheidet sich von anderen Lebensphasen durch andere Aufgaben, andere Herausforderungen und andere Bedingungen als die vorangegangenen Lebensphasen.

Zusätzlich haben sich die gesellschaftlichen, normativen Erwartungen an die älteren Menschen kaum merklich verändert. Von ihnen wird nicht erwartet, dass sie zur Schule, ins Militär, zur Arbeit oder in eine Lehre müssen. Es wird nicht ausgesprochen, wozu die Lebensphase Alter der Gesellschaft und dem oder der Einzelnen dienen könnte. Den Alten wird eine Komfortzone des Rückzugs (»retirement«, »Ruhestand«) geboten, die sie zu nichts verpflichtet und folglich auch keinen hohen Anforderungscharakter aufweist. Diese gesellschaftliche Unterdeterminiertheit des Alters und die individuellen Bedingungen bieten dem älteren Menschen mehr Freiheitsgrade der selbstbestimmten Ausgestaltung des Lebens. Dies wirkt sich aus in einer unterschiedlichen Nutzung der Handlungsspielräume, dem Aufbau sehr verschiedenartiger Interessen und der Wahrnehmung von Verantwortung gegenüber dem eigenen Leben, dem sozialen Netzwerk, der Gesellschaft und der Umwelt. Der ältere Mensch ist zum Gestalter einer langen, recht anspruchsvollen Lebensphase geworden.

Diversifizierung der Lebensstile im Alter

Die Lebensphase Alter eröffnet dem älteren Menschen die Möglichkeit, dass seine Lebensstile vielseitiger als vor der Pensionierung werden können. Während vorher für die Mehrheit der Menschen an fünf Tagen die Erwerbsarbeit, Schule, Ausbildung oder Kindererziehung den Hauptteil des Tages in Anspruch nahmen, erfährt man dank der Pensionierung einen Gewinn an zeitlichen und

Leidfaden, Heft 1 / 2021, S. 29–32, © Vandenhoeck & Ruprecht GmbH & Co. KG, Göttingen, 2021, ISSN 2192-1202

Ulrike Rastin

örtlichen Freiheitsgraden. Zusätzlich entfallen für viele ältere Menschen die Erziehungsaufgaben. Diese Faktoren ermöglichen im Alter eine Erweiterung des Handlungsspielraumes und eine individuelle Kombination von Freizeitaktivitäten, sozialen Beziehungen, freiwilligen Engagements, berufsbezogenen Tätigkeiten, geistigen und körperlichen Aktivitäten.

Diese Überlegungen möchte ich anhand des Beispiels der Mobilität detaillierter behandeln. Die Mobilität wird im Alter zunächst ausgeweitet. Sie erfährt nach dem Auszug der Kinder und der Pensionierung einen erhöhten Stellenwert. Die Orte der Mobilität und das Handlungsspektrum werden vielseitiger im Vergleich zu jenen in der Zeit der Erwerbstätigkeit. Auch der Zweck der Mobilität diversifiziert sich. Perrig-Chiello und Widmer (2008) ermittelten mobilitätsbezogene Lebensstilmuster (auf der Grundlage von Clusteranalysen) für verschiedene Kohorten. Im mittleren Erwachsenenalter fanden sie drei Cluster, für Vorpensionäre fünf Cluster, für die jungen Alten sechs Cluster und im hohen Alter wird der Lebensspielraum auf zwei Cluster eingeschränkt. Diese Daten untermauern die obige Annahme der Diversifizierung der Lebensgestaltung und der Mobilität in den Zeiträumen vor und nach der Pensionierung.

Die Diversifizierung der Lebensgestaltung stellt wahrscheinlich eines der wesentlichen Merkmale der Lebensphase Alter dar. Auch Teuscher (2003, S. 150) bestätigt die Annahmen zur Diversifizierung in ihrer Untersuchung über die Veränderung von Bereichen der Selbstdefinition und der Identität nach der Pensionierung: »In general, the retired persons estimated more domains of self-description as important than did not yet retired persons, which means that the identity diversity was higher for the retired than for the not yet retired persons. In addition, high identity diversity correlated with a high satisfaction across different life domains.«

Konzept des Wandels zur Analyse von Lebensübergängen

Die heutigen Lebensentwürfe für das Alter können zwanzig bis dreißig Jahre betreffen und es tritt für die älteren Menschen eine zukunftsgerichtete Identitätsfrage in den Vordergrund: Wer will ich im Alter werden? Man kann sich für eine solche lange Lebensphase nicht mehr allein über die Vergangenheit und den früheren Beruf identifizieren. Vielen neue Tätigkeiten und Rollen sind möglich.

Der Lebenszeitraum Alter ist charakterisiert durch verschiedene Lebensübergänge wie Pensionierung, Großelternschaft, Verwitwung, Abgabe des Führerscheins, chronische Krankheit, Abbauprozesse (etwa Geh-, Sehbehinderung), Heimeintritt, Sterbephase und anderes mehr. Diese treten bei einem Großteil der älteren Menschen auf, sind also altersnormiert, vorhersehbar und folglich kann man sich darauf vorbereiten. Lebensübergänge können Chancen bieten oder zu kritischen Lebensereignissen führen (Filipps und Aymanns 2010). Es gibt interindividuell große Unterschiede, wie Transitionen das Leben verändern, eine Reorganisation des Lebens erfordern oder wie mit diesen Herausforderungen umgegangen wird.

Für die bewusste Auseinandersetzung mit Lebensübergängen stelle ich das Konzept des Wandels vor. Während des gesamten Lebenslaufs verändern sich Identität, Rollen und Aufgaben eines Menschen. Alles im Leben ist ein Prozess. Bereits der Grieche Heraklit von Ephesus (550 bis 480 v. Chr.) hat erkannt, dass alles Seiende im Wandel *(panta rhei – alles fließt)* ist. Altbekannt ist die Aussage, dass man nicht zweimal in den gleichen Fluss springen kann. Kontinuität im strengen Sinn gibt es nicht, da sich sowohl Person als auch Umwelt in stetem Wandel befinden. Folglich stellt Kontinuität den Versuch dar, die Wiederholung einer Handlung als die gleiche Handlung zu erleben. Der üblichen Dichotomie von Kontinuität versus Veränderung wird ein eigenes, spezielles Konzept des Wandels gegenübergestellt. Dieses enthält vier Aspekte:

m.schröer

- *Kontinuität.* Menschen beschreiben oder erleben, dass sie zu verschiedenen Zeitpunkten eine gleiche Handlung ausführen.
- *Veränderung.* Man vollzieht eine gleiche Handlung wie früher, aber man hat sie in einem oder mehreren Punkten angepasst, kompensiert oder verbessert.
- *Weglassen.* Wandel kann auch heißen, eine bisherige Tätigkeit aufzugeben. Zur Lebenskunst des Alters gehört die Einsicht, nicht immer das Bisherige tun zu müssen beziehungsweise auch seine Grenzen zu erkennen.
- *Neues tun.* Eine neue Handlung, die man bisher nicht gemacht hat, in seine Lebensgestaltung aufzunehmen, stellt eine weitere Form des Wandels dar. Eine neue, bisher noch nie ausgeführte Handlung auszuprobieren beinhaltet eine andere Qualität von Tätigkeit als eine Veränderung einer Handlung.

In einer Befragung von 280 Personen zum Übergang in die Pensionierung ließen sich in einer Clusteranalyse folgende drei Typen des Wandels unterscheiden: *Innovatoren, Kontinuierer, Konvertierer.*

- Der erste Typus berichtet von vergleichsweise vielen neuen Aktivitäten, welche er nach der Pensionierung aufnehmen möchte. Gleichzeitig bedeutet dies, dass bisherige Beschäftigungen und altbewährte Routinen dem Neuen weichen sollen. Die Pensionierung leitet einen neuen Lebensabschnitt ein. Die Zäsur zwischen vorheriger und zukünftiger Lebensgestaltung tritt klar zu Tage.
- Als Gegenpol zu diesem Typus soll für den Typus Kontinuierer die Pensionierung keine Zäsur darstellen, das Leben soll auch in Zukunft seine gewohnten Bahnen gehen. Veränderungen gegenüber sind diese Personen eher skeptisch. Die planerische Auseinandersetzung mit der Pensionierung bleibt daher auch vage und von untergeordneter Bedeutung.

- Der dritte Typus kennzeichnet sich dadurch, dass die Pensionierung zwar als Zäsur wahrgenommen wird, geplante Beschäftigung jedoch an Aktivitäten und Kompetenzen anknüpfen, die bereits vorhanden sind. Bestehende Hobbys, Engagements und soziale Beziehungen werden also zeitlich ausgebaut und Brachliegendes wieder aktiviert.

Die Verteilung der drei Wandeltypen unter den untersuchten Personen ist ausgeglichen (Innovator: 37 Prozent, Kontinuierer: 30 Prozent, Konvertierer: 33 Prozent). Weglassen kam explizit zu wenig vor, dass sich daraus ein Typ bilden ließ.

Handlungsplanung an Lebensübergängen

Zur Analyse der Vorbereitung von Lebensübergängen können verschiedene handlungstheoretische Planungsaspekte herangezogen werden (s. Kalbermatten und Valach 2020):

- Welcher Handlungsbedarf für den Lebensübergang wird vorhergesehen (Antizipation)?
- Wie verläuft die Auseinandersetzung damit?
- Welche Handlungsziele werden ins Auge gefasst?
- Was wird geplant und welche Strategien werden entwickelt?
- Wird soziale Unterstützung abgeklärt?
- Welche Handlungen wie Bildung und Informationsbeschaffung geschehen als Vorbereitung?
- Werden neue Handlungen bereits vorher ausprobiert und eingeleitet?

In einem Forschungsprojekt konnten wir in einer Clusteranalyse zwischen drei Planungstypen der Pensionierung unterscheiden: Zielsetzende (39 Prozent der Studienteilnehmenden), Einleitende (21 Prozent) und Antizipierende (40 Prozent). Der erste Typ setzt sich zielgerichtet mit der Zeit nach der Pensionierung auseinander, indem bereits Informationen zu neuen Beschäftigungsformen eingeholt werden, Reiseziele gefasst werden und wichtige Elemente der zukünftigen Wochengestaltung schon im Vorfeld der Pensionierung festgelegt werden. Pläne werden konkret formuliert, deren Durchführung zielgerichtet angedacht wird. Einen Schritt weiter in der Planung gehen die Einleiter. Pläne werden nicht nur festgelegt, sondern bereits erste Schritte zu deren Umsetzung vor der Pensionierung vorgenommen, damit ein Repertoire an neuen Aktivitäten unmittelbar nach dem Übergang zur Verfügung steht.

Schlussgedanken

Die Verbindung der beiden Analysedimensionen von Wandel und Handlungsplanung ergibt ein tieferes Verständnis von Lebensentwürfen im Alter (Métrailler, 2018). Dazu benötigt der ältere Mensch die Bereitschaft, sein Alter oder eine gewisse Lebenslage zu bejahen und sein eigenes Leben zu einem Bildungsgegenstand zu machen, um kreativ und auch sinnorientiert seine Potenziale zu entfalten.

Dr. phil. **Urs Kalbermatten,** Psychologe, war in Lehre und Forschung an der Universität Bern tätig und Professor an der Berner Fachhochschule, Leitung Kompetenzzentrum für Gerontologie.

Kontakt: urs.kalbermatten@bfh.ch

Literatur

Filipp, S.-H., Aymanns, P. (2010). Kritische Lebensereignisse und Lebenskrisen. Vom Umgang mit den Schattenseiten des Lebens. Stuttgart.

Kalbermattem, U.; Valach, L. (2020). Psychologische Handlungspsychologie in angewandter Forschung und Praxis. Wiesbaden.

Métrailler, M. (2018). Paarbeziehungen bei der Pensionierung. Partnerschaftliche Aushandlungsprozesse der nachberuflichen Lebensphase. Wiesbaden.

Perrig-Chiello, P.; Widmer, P. (2008). Mobilitätsmuster zukünftiger Rentnerinnen und Rentner: eine Herausforderung für das Verkehrssystem 2030? Bern.

Teuscher, U. (2003). Transition to retirement and aging. Change and persistence of personal identities. Unveröffentlichte Doktorarbeit. Psychologisches Institut der Universität Freiburg.

Wer alt wird, wird auch arm?

Frank Kittelberger

Ein ambivalenter Befund

Wir sind ein reiches Land mit reichen Möglichkeiten – und werden immer reicher an Jahren. Heute gelte ich mit 66 Jahren als »junger Alter«, irgendwann dann als richtig alt und erst später als hochbetagt. Was für ein Reichtum – doch nicht automatisch Reichtum für alle! Altersarmut droht körperlich und psychisch, materiell und auf der Beziehungsebene (persönlich, familiär-nachbarschaftlich, gesamtgesellschaftlich). Viel zu lange haben wir in der Blüte unseres Lebens den Blick auf diese Entwicklung verdrängt, was uns individuell und kollektiv beschädigt. Anerkennen wir die Risiken und teilen wir unsere Kräfte klug ein? Nehmen wir es ernst: Wer alt wird, kann arm werden!

Gebrechlichkeit naht

Der Körper lässt nach. Man kann ihn fit halten, Ernährung und Bewegung anpassen, sich schonen – dennoch lässt der Körper nach. Es zwickt und drückt an Stellen, die ich früher nicht wahrnahm. Rehabilitation und Korrekturen dauern jetzt länger. Multimorbidität ist eine gängige Begleiterscheinung hohen Alters. Nur die wenigsten sind mit neunzig noch Marathonläufer.

Und für viele Menschen schwindet auch die geistige Spannkraft. Viele werden dereinst von milden oder schweren Formen der Demenz betroffen sein. Korrekte Wahrnehmung und reaktionsschnelles Denken werden zunehmend durch zurückliegende Erinnerungen ersetzt, die oft seltsam verschroben zur jeweiligen Situation passen. Der Reichtum an Jahren geht nicht automatisch mit körperlicher und geistiger Integrität einher. Wir benötigen dann Hilfe, Pflege und Fürsorge. Doch auch diese bröckelt, weil soziale Bindungen Pflege in der Familie oft nicht gewährleisten. Wo ambulant oder stationär professionell gepflegt wird, treffen wir auf ein hohes Engagement. Allerdings mangelt es schon jetzt an Pflegekräften. Das wird sich verschärfen: Wir lernen gerade, dass in Deutschland in ca. 15 Jahren 230.000 Pflegekräfte fehlen werden und die Schere zwischen Pflegebedarf und menschlichen Ressourcen unaufhaltsam auseinandergeht. Zu befürchten ist auch, dass Allokation zunimmt, also die Verteilung von Ressourcen im Gesundheitswesen. Der etwas saloppe Ausspruch »keine neue Hüfte mehr über siebzig« mag in Deutschland noch übertrieben klingen. Doch Studien zeigen, dass in allen europäischen Ländern Einschränkungen definiert werden, wer unter welchen Umständen welche Behandlung bekommt. Alter gilt zunehmend als Risikofaktor.

Neben dieser Armut an körperlicher und psychischer Integrität droht auch die Gefahr geistig-geistlicher Mangelerscheinungen. Religionspsychologen/-psychologinnen und Altersforscher/-innen sind sich einig, dass im hohen Alter der Glaube *nicht* wächst und Spiritualität nicht automatisch zur tragenden Lebenskraft wird. Der Satz »Mit dem Alter kommt der Psalter« ist falsch: Religion und Glaube kompensieren im Alter *nicht* alle Defizite. Ich habe in der Krankenhausseelsorge erlebt, wie in Krisen exakt die Form des Glaubens verstärkt wird, die immer schon da war. Ich habe Menschen, die als glaubensfest galten, im hohen Alter ob ihrer Situation zweifeln und klagen gehört. Auch eine religiöse Bilanz kann ein gehöriges Armutszeugnis und Armutsrisiko darstellen.

Leidfaden, Heft 1 / 2021, S. 33–36, © Vandenhoeck & Ruprecht GmbH & Co. KG, Göttingen, 2021, ISSN 2192-1202

Ohne Moos nix los

Armut meint mehr, als kein Geld zu haben – aber das eben auch! Das statistische Bundesamt, der Alterssurvey, die Bertelsmann-Stiftung und die Hans-Böckler-Stiftung lieferten in den letzten Jahren fundierte Daten. In den kommenden zwanzig Jahren werden zwanzig Prozent der Rentnerinnen und Rentner von Altersarmut betroffen sein. Zur Risikogruppe gehören alleinstehende und gering qualifizierte Menschen. Sie werden nach gegenwärtiger Definition unter 1000 Euro im Monat zum Leben haben. Gerade alleinerziehende und pflegende Frauen, die in der Berechnung ihrer Rente Beitragslücken aufweisen, sind am stärksten bedroht. Wir sehen ein Phänomen, das zum Ende des 20. Jahrhundert als überwunden galt: Altersarmut! Ohne Gegensteuerung wird dies ein gewichtiges gesellschaftliches Problem dank veränderter Lebensläufe und weniger sicherer Arbeitsplätze mit individuell ausreichendem Erwerbseinkommen. Instabile, geringfügige, unbezahlte Tätigkeiten nehmen zu und gesellen sich zu Faktoren, die es immer schon gab, wie gesundheitliche Einschränkung, Migrationsbiografien oder unterbrochene Erwerbsbiografien.

Im mittleren Lebensalter hat die Einkommensarmut zugenommen, was schon heute an der Zunahme von Empfängern und Empfängerinnen einer Grundsicherung zu erkennen ist: Lag diese im Jahr 2003 bei 1,7 Prozent der Rentnerinnen und Rentner, hat sie sich bis 2015 schon verdoppelt. Mag die gesetzliche Rentenversicherung nach wie vor einigermaßen funktionieren, ist die betriebliche Altersversorgung weiterhin wenig verbreitet. Wer auf Vermögen oder Besitz bauen kann, wird weniger Sorgen haben als Menschen, die von dem leben müssen, was sie als Einkommen oder Transferleistungen erhalten. Diese Schere ist bedrohlich. Neurentnerinnen und Neurentner erhalten jetzt schon deutlich weniger als die gleiche Alterskohorte noch vor wenigen Jah-

ren. Die Gnade der frühen Geburt zahlt sich in diesem Fall aus. Die gleichzeitig steigenden Kosten (Wohnen, Krankenversicherung, Abgaben) lassen die Zukunft für künftige Rentnerinnen und Rentner nicht rosig erscheinen, denn die Chancen sind sozial ungleich verteilt. Es wird also auch bei Alten und Hochbetagten Klassenunterschiede geben. Die gesellschaftlichen Folgekosten sind immens und beschleunigen diese Entwicklung.

Zusammengefasst lässt sich sagen, dass der Anteil der armutsgefährdeten Personen bei Neurentnern in Deutschland von 16 Prozent (2015) in gut zwei Jahrzehnten auf 20 Prozent steigen wird, wobei niedrig qualifizierte Menschen und speziell Frauen stärker betroffen sind. Wohnen wird ein Hauptarmutsfaktor, Gesundheit ein wichtiger Kostenfaktor und der Migrationshintergrund wird sich stärkerer auswirken als bisher berechnet. Zusätzlich ist verschämte Altersarmut virulent (die sich zum Beispiel im Verzicht auf Grundsicherung ausdrückt) und verschärft das Problem, weil es nicht selten in persönliche Katastrophen mündet, die dann wiederum die Allgemeinheit beschäftigen. Dies alles erschreckt mich. Es gibt wieder Altersarmut und sie wird wachsen.

Und jenseits des Materiellen?

In Zeiten der Pandemie schreibe ich aus den Erfahrungen kritischer Monate. Wir haben eine ganze Alterskohorte als Risikogruppe bezeichnet, haben sie hospitalisiert und eingesperrt. Sie wurden von Pflegekräften am Rande der Erschöpfung weitgehend liebevoll betreut und dabei strikt von ihren Bezugspersonen ferngehalten. All dies geschah im Dienste der Gesundheit, die wir sehr einseitig definieren. Ein Altenheimleiter erzählt, dass viele Todesfälle nicht wegen, sondern mit Corona auftreten. Die Mortalität im Umfeld des Virus wird bei alten Menschen oft überzeichnet. Fachleute mutmaßen, dass manche Hochbetagte nicht an Corona sterben, sondern an den Maß-

m.schröer

nahmen des Lockdowns. Einsamkeit kann töten, sie markiert drückende soziale Armut. Wenn das Gegenüber fehlt, sind wir nicht vollständig. Der berühmte Satz »Der Mensch wird erst am Du zum Ich« (Martin Buber) hat sich dort bewahrheitet, wo die verordnete Beziehungsarmut lebensbedrohlich und alte Menschen *dadurch* arm wurden – bis an den Rand ihrer Existenz.

Die Debatte »Alt gegen Jung« signalisiert Armut an Wertschätzung gegenüber einer ganzen Generation. Es ist makaber genug, dass Alter allein ein Risiko sein soll. Dieses Armutszeugnis der Gesellschaft krankt schon daran, dass jeder den Begriff »Alter« anders definiert. Aus dem zunächst medizinisch-statistischen Begriff »Risikogruppe« wurde eine anthropologisch-soziale Zuschreibung. Unselige Äußerungen darüber, dass alte Menschen doch zu Gunsten der jüngeren zurücktreten, sich zurückhalten und sich isolieren lassen sollten, haben in aller Schärfe eine wirklich armselige Bestandsaufnahme unseres gesellschaftlichen Zusammenhalts markiert.

»Die Zukunft war früher auch schon mal besser« (Karl Valentin)

Muss man düster in die Zukunft blicken? Nicht unbedingt – aber wachsam und mutig! Es gilt, Solidarität zu zeigen und Teilhabe zu ermöglichen. Politisches Engagement und die gemeinsame Entwicklung von Strategien sind in Zeiten der Krise sogar leichter denkbar. Gerade wird der Pflegeberuf gelobt und aufgewertet. Diesen Zug dürfen wir nicht anhalten! Menschen werden auf soziale Fragen aufmerksam gemacht, wenngleich diese Spanne der Aufmerksamkeit oft kurz ist. Die in unserem Land vorangetriebenen Diskussionen um das Zusammenleben im Quartier bietet Chancen für das Zusammenleben der Generationen. Hier wird viel Neues entwickelt, aber alle werden gemeinsam lernen müssen: Politik und Kommune, Therapie, Seelsorge und Beratung, das Gesundheitswesen, Familien und das Ehrenamtliche.

Zuallererst gilt: Einander begegnen, ehrlich reden und offen hören. Alte Menschen sind (hoffentlich) reich an Einsicht und gelebtem Leben. Davon können sie erzählen. Wer Geschichten erzählt, erzählt Geschichte – aber er oder sie braucht Zuhörerinnen und Zuhörer! Etwas weiterzugeben bedarf des Gegenübers und der Beziehung. Es gilt, analog zu bleiben! Wir haben in der Krise vieles virtuell und digital kompensiert. Doch eine Trennscheibe aus Plastik ermöglicht keine Begegnung. Eine Fachpflegekraft drückte es in einer Talkshow so aus: »Abschied geht nicht digital!«

Im politischen Alltag werden wir Verbündete suchen und Allianzen schmieden müssen, wenn wir aus dem Gegensatz Alt–Jung eine Gemeinschaft formen wollen. Die unermüdliche Arbeit an neuen Altenberichten der Bundesrepublik zeigt viele Chancen und Potenziale auf.

Die größte Aufgabe aber besteht darin, Vertrauen auszustrahlen. Wie arm oder reich wir innerlich sind, entscheiden wir immer noch selbst! Es gibt Schätze, welche die Generationen einander weitergeben können. Das kann in Zeiten drohender Armut beide Seiten bereichern. Es geht um mehr als um Kontingenzbewältigung, wenn wir uns der Altersarmut stellen. Im Fürbittengebet am Ende eines Gottesdienstes heiß es oft: »... bitten wir für die Alten, Armen, Schwachen, Kranken und Sterbenden«. Mich stört diese Reihung, aber sie spiegelt eine Facette der Realität. Dennoch gehören die Adjektive »alt« und »arm« und »krank« und »schwach« und »sterbend« nicht automatisch zusammen. Es ist unser aller Aufgabe, diesen Gleichstellungsautomatismus zu beenden.

Frank Kittelberger, Pfarrer i. R. und Pastoralpsychologe; ehemals Studienleiter und jetzt freier Mitarbeiter für Ethik in Medizin und Gesundheitswesen, Pastoralpsychologie und Spiritual Care an der Evangelischen Akademie Tutzing; langjährige Beratung der Initiative End-of-Life-Care und des Hospizreferats in der Diakonie Bayern.

Kontakt: fkittelberger@t-online.de

Altsein unter der Bedrohung durch Corona oder wie das Virus das Älterwerden revolutionieren wird

Helmut Kaiser

Neue Verletzlichkeit

Die Coronakrise wirkt wie ein Vergrößerungsglas und macht sichtbar, dass unsere modernen europäischen Gesellschaften (Deutschland, Schweiz, Österreich ...) in einem hohen Maß verletzlich sind, eine polarisierte Sozialstruktur (Jung–Alt) und enorme Ungerechtigkeiten/Ungleichheiten aufweisen: Arme sind stärker betroffen als die Wohlhabenden. Seit Corona wissen wir auch, dass das Altsein ab 65 beginnt. Vor Corona begann das Altsein frühestens mit der durchschnittlichen Lebenserwartung, also etwa bei 84. Als meine Großmutter 1968 mit 76 Jahren starb, war dies in dieser Zeit ein »schönes« Alter. Aktuell muss »man« schon 93 werden, damit »frau« dies sagen kann. Corona hat das Bild vom Altsein normativ-wertend verschoben. Ausgehend von fünf ethisch bedeutsamen Sachverhalten wird im Resümee angedeutet, wie das Coronavirus das Älterwerden unter spezifischen Bedingungen verändern wird.

Schutz und Solidarisierung

Das Coronavirus hat in kurzer Zeit eine umfassende Solidarität ausgebildet. Solidarität/Sorge/Care wird zum Basiswert des Zusammenlebens (Praetorius 2015). Solidarisches Handeln (beispielsweise Einkaufsdienste) der Jüngeren sichert den Schutz der vulnerablen Gruppe. Mit Gabriele Winker kann dies als *Care Revolution* bezeichnet werden. Zwei Fragen lassen jedoch das brüchige Fundament dieser Solidarität erkennen: Ist es richtig, den Schutz der vulnerablen »Alten/Ü-65« zum Hauptziel der Coronastrategie zu machen? Und: Wie viel ist eigentlich ein »alter« Mensch wert? Meine ethische Position ist, dass Unmenschlichkeit dort beginnt, wo Menschen nicht mehr den gleichen »Wert«, die gleiche Würde haben. Das Coronavirus hat aufgezeigt, dass Care ein Basiswert unseres Zusammenlebens ist.

Diskriminierung und Ausgrenzung

Wer über 65 Jahre alt ist und/oder Vorerkrankungen aufweist, gehört zur Risikogruppe. Diese Festlegung einer Grenze ist hoch ambivalent: Es geschieht eine Überwindung der Grenzen zwischen den Generationen durch praktisches Alltagshandeln (Einkaufen) und zugleich werden Grenzen zwischen Jung und Alt vertieft. Die einen sind nur Träger des Virus, die anderen sterben, wenn sie nicht zu Hause bleiben, und werden zu Opfern. Es gibt subtile Bilder der Ausgrenzung. Auf der Homepage des Bundesamtes für Gesundheit BAG in der Schweiz war am 26.3.2020 das folgende Icon mit der entsprechenden Erklärung abgebildet: »Besonders gefährdete Personen: Das neue Coronavirus ist für Personen ab 65 und für alle mit einer Vorerkrankung besonders gefährlich. Sie können schwer erkranken.«

Es werden fahrlässig Metaphern mit problematischen Denkhaltungen erzeugt: *Die Alte/der Alte mit dem Stock.* Ein

Leidfaden, Heft 1 / 2021, S. 37–41, © Vandenhoeck & Ruprecht GmbH & Co. KG, Göttingen, 2021, ISSN 2192-1202

markusspiske / photocase.de

solches Einzelbild macht eine falsche Verallgemeinerung: Alle »Alten« seien gebrechlich. Dies widerspricht völlig den Forschungsergebnissen der Geriatrie und Gerontologie, welche die älter werdenden Menschen als aktiv, kreativ und systemrelevant (Tourismus, Freiwilligenarbeit, Großelternarbeit) aufweisen (Perrig-Chiello und Höpflinger). Es gibt nicht undifferenziert »die Alten«, vielmehr älter werdende Menschen im Kontext komplexer Lebensgeschichten, zu der alle Generationen gehören. Das Verhältnis der Generationen muss neu aufgearbeitet und gestaltet werden.

Vernachlässigung und Senizidierung

In den Alters- und Pflegeheimen herrschten besonders in der Anfangsphase der Coronapandemie prekäre Verhältnisse in Bezug auf die Schutzkleidung und diese gefährdeten die Pflegenden wie die Bewohner*innen. Die am meisten Vulnerablen wurden am wenigsten geschützt (Rawls 1975). Der Begriff »Senizid« beschreibt den Sachverhalt, dass ältere Menschen überdurchschnittlich viel in der Coronakrise gestorben sind (siehe Schweden; vgl. NZZ).

Selbstbestimmung und Ressourcenknappheit

In der Schweiz hat in der bekannten Tageszeitung »Der Bund« am 23. März 2020 (S. 2 f.) ein Arzt den Ratschlag erteilt, jetzt in der Coronakrise »selbstbestimmt« eine Pateientenverfügung auszufüllen. Wenn Menschen so unter Druck gesetzt werden, dann werden ethische Prinzipien wie das der Selbstbestimmung außer Kraft gesetzt. Es ist ethisch unzulässig, in einer solchen Krisensituation der Ressourcenknappheit einen solchen Ratschlag zu erteilen, weil das Ausfüllen einer solchen Patientenverfügung wohlüberlegt sein muss und die Selbstbestimmung niemals durch eine Ressourcenknappheit präformiert werden darf.

Von medizinischer Seite wurde versichert, dass bei möglichen Triagesituationen (bei Mangel an

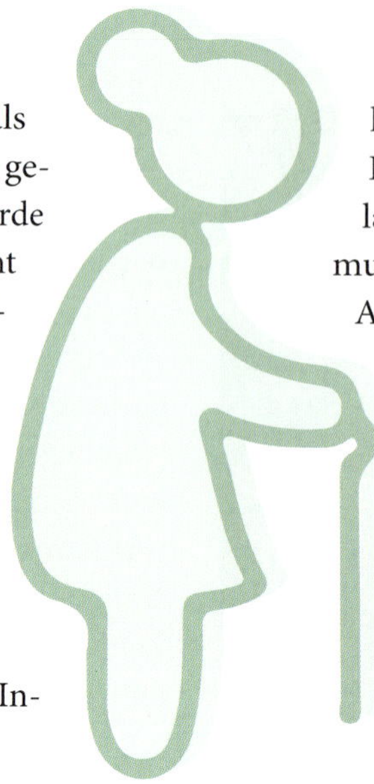

Beatmungsplätzen) das Alter nie als alleiniges Entscheidungskriterium gebraucht werden dürfe, und zudem wurde auf eine effiziente Weise alles versucht (in der BRD und in der Schweiz), solche Triagesituationen nicht entstehen zu lassen.

Bei der zweiten Pandemiewelle im Herbst 2020 wurde eine »Selbsttriage« festgestellt: Menschen in Altersheimen verzichten »freiwillig/selbstbestimmt« auf eine medizinische Behandlung auf einer Intensivstation.

Schutz durch Isolation und Trauerbegleitung

Der Schutz der vulnerablen Gruppe führte zu einem extremen Social Distancing. Besuche in Alters- und Pflegeheimen wurden untersagt und erst nach geraumer Zeit wurden Begegnungsmöglichkeiten mit Glasscheiben etc. installiert. Angehörige haben ihre Eltern nicht mehr im Pflegeheim besucht, weil durch solche berührungsfreien und körperlosen Besuche die Verwirrung weiter gesteigert worden wäre: Es ist dem dementkranken Vater nicht vermittelbar, dass ihm jetzt nur durch eine Glasscheibe ohne Umarmung zugewinkt werden muss. Der Abschied von der sterbenden Mutter über das Handy, vom Arzt gehalten, sollte das vertrauensvolle Halten der Hand der Sterbenden ersetzen.

Damit ist die Trauerbegleitung in der speziellen Virus-Isolationssituation angesprochen: kein berührendes Abschiednehmen am Sterbebett. Es geschieht ein einsames Sterben. Abschiedsfeiern werden nur im engsten Familienkreis am Grab durchgeführt. Tatsache ist, dass das Virus viel Trauer erzeugt, die Trauerbegleitung jedoch erschwert, verunmöglicht oder durch einen digitalen Prozess ersetzt wurde und wird. Indem Rituale weggefallen sind, gab es kein gemeinsames Erinnern und Trauern, und es geschieht eine Isolation im Trauern. Gespräche mit oder Berichte von Menschen, die unter Isolationsbedingungen Abschied nehmen mussten, bringen Gefühle der Schuld, Angst, Ohnmacht oder Belastung zum Ausdruck.

Welche Möglichkeiten der Trauerbegleitung gibt es für eine 87-jährige Frau, die beim Sterben ihres Mannes persönlich nicht dabei sein kann? Nicht rezeptbuchartige Tipps sollen diese Frage beantworten, vielmehr die offene Frage: Welche neue Formen von Trauer braucht die Trauerbegleitung in der Zeit einer Pandemie, in welcher die körperliche und räumliche Distanz zu einer medizinischen Notwendigkeit geworden ist?

Ein kritischer Hinweis: Es gibt immer Situationen, in denen Trauer eine einsame und isolierte ist und bleiben wird und ausgehalten werden muss, ohne dass Trauerstörungen eintreten. Aktuell erfährt die Trauerbegleitung durch das Coronavirus eine spezifische Betonung und die Kreativität bei der Entwicklung neuer, »corona-affiner« Abschiedsrituale ist bereits umfassend und muss grundsätzlich sorgfältig überdacht werden.

Resümee

Das Coronavirus bringt sieben Forderungen für die Zukunft hervor:

- Das Älterwerden braucht gesunde *sozioökonomische Bedingungen*. Prekäre Verhältnisse müssen präventiv verhindert werden gerade bei Personen, die sich in einer Situation der Benachteiligung und großer emotionaler Bedürftigkeit befinden.
- *Solidarität/Care* wird zum Basiswert des Zusammenlebens. Es geht um elementare Bedürfnisse der Menschen. Die politischen Akteure und Akteurinnen der Sparprogramme

müssen aufgrund der Coronakrise diese prinzipiell und radikal revidieren. Die praktische Vernunft, und damit unsere Ethik, verlangt, dass von der eindimensionalen Fokussierung auf die Gewinnmaximierung konsequent Abschied genommen wird.

- Das *Icon* »Die Alte/der Alte« ist eine Verzerrung. Es gibt nicht undifferenziert die »Alten«. Solche Typologisierungen sind falsch, es geht um Beziehungen: Das Verhältnis der Generationen muss immer wieder neu solidarisch-wertschätzend ausgestaltet werden.
- Alle Menschen haben die gleiche *Würde*, die von keinen äußeren Bedingungen wie Herkunft, Alter, Geschlecht, Einkommen abhängig gemacht werden darf (Kant 1785): Ein Leben ist nicht weniger wert, weil es bald endet.
- Während der Coronakrise wurde älteren Menschen empfohlen, die Endlichkeit des Lebens anzunehmen und nicht krampfhaft am Leben zu hängen, und eine Patientenverfügung auszufüllen. Eine solche Empfehlung ist zynisch, ethisch unzulässig und durch eine *bedingungslose Wertschätzung* zu ersetzen.
- »Handfeste« *Ich-Du-Beziehungen* (Buber 1923) schaffen Zufriedenheit. Wie können solche Beziehungen bei der Trauerbegleitung in einer Pandemie gestaltet werden?
- Das Coronavirus wird nicht automatisch das Älterwerden zufriedener machen. Es braucht dazu eine würdige, wertschätzende, faire und gemeinsame Gestaltung der oftmals konfliktreichen und pluralen *Generationenbeziehungen.*

Mit der Umsetzung dieser Forderungen würde das Coronavirus zur Chance für ein zufriedenes Älterwerden. Es wird sich jedoch zeigen, inwiefern die genannten Probleme/Chancen durch die zweite oder sogar dritte Welle der Coronapandemie verstärkt oder abgeschwächt werden.

Helmut Kaiser, Studium der Theologie und Philosophie in Tübingen, Mitarbeiter am Institut für Sozialethik ISE des Schweizerischen Evangelischen Kirchenbundes SEK (jetzt: Evangelisch-reformierte Kirche Schweiz). Während dieser Zeit in verschiedenen Expertenkommissionen – Gentechnologie, Energie, Neuer Lebensstil – des Bundesrates Schweiz tätig. Titular-Professor (em.) mit Lehrauftrag für Sozial- und Wirtschaftsethik an der Universität Zürich. Bis 2013 Pfarrer in Spiez (Schweiz).

Kontakt: helmut@kaiserspiez.ch

Literatur

Buber, M. (1923/2008). Ich und Du. Stuttgart.

Deutscher Ethikrat: Solidarität und Verantwortung in der Corona-Krise. Ad-hoc-Empfehlung. Berlin 27.3.2020.

Kaiser, H. (2010). Generationen gemeinsam unterwegs. Ethisch-theologische Voraussetzungen für ein gelingendes Zusammenleben und Zusammenarbeiten. Bern. http://www.refbejuso.ch/fileadmin/user_upload/Downloads/Gemeindedienste_und_Bildung/Generationen/Aktuell/Grundlagenpapier_definitiv_2010_11_2.pdf.

Kaiser, H. (2020). Wenn die Zeit stillsteht: 16.3.–7.4.2020. Philosophische und ethische Gedanken zu 21 Tagen Lockdown. Eine Dokumentation mit Momentaufnahmen, Kommentaren und Reflexionen. 16.3.2020 Lockdown CH. Kindle.

Kant, I. (1785). Grundlegung zur Metaphysik der Sitten. Riga.

Krastev, I. (2020). Ist heute schon morgen? Wie die Pandemie Europa verändert. Berlin.

Perrig-Chiello, P.; Höpflinger, F. (2009). Die Babyboomer. Eine Generation revolutioniert das Alter. Zürich.

Praetorius, I. (2015). Wirtschaft ist Care oder: Die Wiederentdeckung des Selbstverständlichen. Berlin.

Rawls, J. (1975). Eine Theorie der Gerechtigkeit. Frankfurt a. M.

Ulrich, P. (2010). Zivilisierte Marktwirtschaft. Eine wirtschaftsethische Orientierung. Bern u. a.

Winker, G. (2015). Care Revolution: Schritte in eine solidarische Gesellschaft. Bielefeld.

Anmerkung

1 https://www.nzz.ch/feuilleton/niall-ferguson-was-bedeutet-es-dass-das-coronavirus-altersdiskriminierend-wirkt-ld.1547902?fbclid=IwAR37z1EGUZFbTZe8jHjOw4gKRg02LUbasfT0NgYjmYG921PrIq4PQD7q3sE

Heinrich Aldegrever, Pauperitas, Kupferstich, 1549

Schon frühzeitig wird die Altersarmut thematisiert, indem beispielsweise alte Menschen gemeinsam mit anderen sozial schwachen Gruppen dargestellt werden, zu denen im Mittelalter auch die Behinderten und die Bettler und Bettlerinnen zählten. Diese negative Konnotation mit dem Alter kommt auch in der Allegorie der *Pauperitas* (um 1549/50) des westfälischen Kupferstechers Heinrich Aldegrever zum Ausdruck: Es handelt sich um eine Serie von allegorischen Darstellungen, die eine moralisierend didaktische Handlungsanweisung für die Betrachterinnen und Betrachter gibt. *Pauperitas* (Armut) ist als einzige der allegorischen Figuren vollständig bekleidet: Sie trägt ein am Saum zerschlissenes Kleid, das mit einem Strick gegürtet ist, darüber einen pelerinenartigen Umhang, ein Kopftuch und eine Haube. Ihr rechter Arm liegt in einer Schlinge, eine schwere Gurttasche hängt an ihrer rechten Seite, mit der rechten Hand hält sie eine Schüssel und in der linken eine Gehhilfe, auf die sie sich jedoch nicht abstützt. Die unbeschuhten Füße von *Pauperitas* sind kräftig und gehen in muskulöse Waden über, das Gesicht jedoch ist deutlich als alt gekennzeichnet: eingefallen, faltig, mit Runzeln an der Stirn.

Diese Allegorie der Armut personifiziert alle sozialen Gruppen, die von Armut betroffen waren: die Kranken (Schlinge und Gehhilfe), die Pilger (Pelerine), die Alten (Krücke), die Obdachlosen (Tasche mit allem Hab und Gut), die Hungernden und, dadurch, dass sie von der Hüfte abwärts als kräftige junge Frau mit zerschlissenem Rock charakterisiert ist, auch die Gruppe der armen Mütter, die für Kinder sorgen müssen. Die doppelte Kopfbedeckung kennzeichnet wiederum zwei Lebensstadien: dasjenige der verheirateten Frau (Haube) und dasjenige der Alten (Kopftuch). Alte Menschen stellten im 16. Jahrhundert offensichtlich einen signifikanten Anteil der armen Bevölkerung – was mit dieser Allegorie durch Gehhilfe, Altersmerkmale und Kleidung sinnfällig vor Augen geführt wird und auch heutzutage noch mit denselben Merkmalen augenfällig wird.

Einsamkeit im Alter

Wie können Begleitende unterstützen und was können die Betroffenen selbst tun?

Udo Baer

Einsamkeit und Alleinsein werden oft verwechselt. Menschen können allein sein, ohne sich einsam zu fühlen. Andere können sich auf einer Geburtstagsfeier mit achtzig Leuten sehr einsam fühlen. Um zu erörtern, wie die Menschen, die unter ihrer Einsamkeit leiden, unterstützt werden können und was sie selbst tun können, ist es zunächst wichtig, sich mit den unterschiedlichen Aspekten der Einsamkeit zu beschäftigen.

Kontakteinsamkeit

Es gibt alte Menschen, die wenig Kontakte haben und diesen Zustand genießen: »Endlich mal Zeit nur für mich! Ich hatte immer so viel mit anderen zu tun. Das reicht mir jetzt.« Bei vielen anderen ist es anders. Wer älter wird, verliert Menschen seiner Generation an den Tod und schwere Krankheiten und wird selbst unbeweglicher und nicht mehr so mobil, um andere Menschen zu besuchen. Die familiären und sozialen Netzwerke werden dünner. Darunter leiden Menschen. Wir bezeichnen diese Einsamkeit als »Kontakteinsamkeit«.

Bindungseinsamkeit

Bindung ist die Fähigkeit von Menschen, vertrauensvoll nachhaltige Verbindungen zu anderen einzugehen. Diese Fähigkeit ist bei vielen alten Menschen reduziert oder gestört. Bindungsstörungen können durch massive Entwürdigungen, unbetrauerte Verluste und vor allem durch traumatische Erfahrungen entstehen. Da zwei Drittel der heute älteren Menschen durch die Erfahrungen der Kriegs- und unmittelbaren Nachkriegszeit traumatisiert sind, hat dies Folgen für die Fähigkeit zu einer Bindung. Je älter Menschen werden, desto mehr kann sich dies zeigen und zu einem verstärkten Rückzug führen.

Herzenseinsamkeit

Manche Menschen, ältere sowie jüngere, leben in einem intakten sozialen Netzwerk, sind im Tennisclub aktiv, treffen sich mit Freunden, Freundinnen und ihrer Familie. Und sie leiden unter tiefer Einsamkeit. Diese ist oft zunächst einmal nicht sichtbar und bricht vor allem nachts hervor. Dann kommen plötzliche Traueranfälle oder Panikattacken. In Krisen wie zum Beispiel bei Erkrankungen fühlen sich diese Menschen in extremer Not. Sie leiden nicht unter Kontakteinsamkeit, aber ihr Herz ist einsam. Auf die Frage: »An wen können Sie sich wenden, wenn es Ihnen schlecht geht und Sie in Not sind?«, finden sie oft keine Antwort. Oft schlummert hier ein Einsamkeitsleid unter der »normalen« Oberfläche.

Herzenseinsamkeit kann körperlich belasten oder zu plötzlichen aggressiven Ausbrüchen führen. Diejenigen, die alten Menschen in ihrer Einsamkeit begleiten, sind oft die einzigen Verbindungspersonen, die den Menschen zur Verfügung stehen. Sie bekommen alles an Misstrauen und anderem ab, was wahrscheinlich aus früheren Verletzungserfahrungen entspringt, etwa mit Worten wie »Sie machen das ja nur für Geld!«. Die Begleitpersonen sind auch oft Objekt einer maß-

Leidfaden, Heft 1 / 2021, S. 43–46, © Vandenhoeck & Ruprecht GmbH & Co. KG, Göttingen, 2021, ISSN 2192-1202

losen Sehnsucht nach Begegnung und Begleitung, die sie nicht erfüllen können.

Was kann helfen?

Gemeinsame Interessen

Oft ergeben sich Begegnungen mit anderen Menschen, die aus der Einsamkeit herausführen, darüber, dass man gemeinsamen Interessen nachgeht. Wer dazu die Fähigkeiten hat und nicht allzu hochbetagt ist, kann sich überlegen (vielleicht mit Unterstützung), was er oder sie denn gern macht. Dann sollten sie versuchen, das Interesse mit anderen zu teilen. Mehrere alte Damen treffen sich dann zum Beispiel zu einem Rommee-Club, in dem sie regelmäßig einmal pro Woche Karten spielen. In einem Altenheim bildete sich ein Fußballfreundeskreis, der alle ihn interessierenden Fußballspiele im Fernsehen gemeinsam anschaute. Das gemeinsame Interesse am Fußball verband die Beteiligten, doch der Kontakt und Austausch gehen weit darüber hinaus.

Mit jeder Träne, die fließt, verlässt uns Menschen ein Stück unseres Kummers.

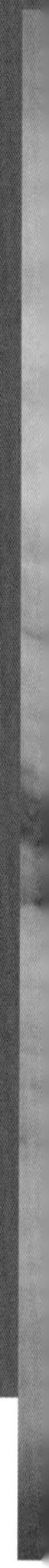

Trauern

Oft entspringt Einsamkeit ungelebter Trauer. Wir Menschen verlieren alle in unserem Leben andere Menschen. Manche haben ihre Heimat verloren, körperliche Fähigkeiten, Berufe und anderes mehr. Trauer ist das Gefühl des Loslassens beziehungsweise Loslassenmüssens. Wer trauert und diese Trauer mit anderen Menschen teilt, kann einen Prozess einleiten, in dem man sich nach und nach von dem Verlust verabschieden kann. Dieses Trauern war vielen nicht möglich. Ungelebte und ungeteilte Trauer führt zu Erstarrung und Rückzug und ist für viele Menschen der Anfang eines Prozesses der Vereinsamung.

Deswegen hilft es gegen die Vereinsamung, wenn soweit wie möglich den Beteiligten die Möglichkeit gegeben wird, die Trauer zu teilen. Reden Sie über die Biografie, über die Familie, über Umzüge, über den Krieg und die Nachkriegszeit und anderes mehr. Immer mit der Haltung: »Sie brauchen mir nichts zu erzählen. Aber ich frage Sie, weil ich mich für Sie interessiere!« Wenn alte Menschen davon erzählen, kommen oft Tränen, doch das braucht niemanden zu erschrecken. Mit jeder Träne, die fließt, verlässt uns Menschen ein Stück unseres Kummers. Unter einer Bedingung: dass wir damit nicht allein sind. Dass es andere Menschen gibt, die unsere Trauer akzeptieren und uns zeigen und sagen: »Das ist traurig. Ich fühle mit Ihnen.«

Scham und Schuldgefühle

Viele alte Menschen haben Beschämungen erlebt. Wer sexuelle Gewalt erfahren hat oder immer wieder ausgelacht und vorgeführt wurde, wird beschämt. Unsere natürliche Scham hat den Sinn,

die Grenzen unserer Intimität zu bewachen. Beschämung kommt von außen. Da werden Menschen entblößt. Das führt dazu, sich erst recht nicht zu zeigen und zu offenbaren. Damit eng verbunden sind Schuldgefühle. Für viele alte Menschen, gerade die hochbetagten, die Kriegszeiten zumindest als Kinder oder Jugendliche noch erlebt haben, sind Schuldgefühle ein großes Thema. Kaum jemand redet öffentlich über Schuldgefühle. Es ist ein geheimes Thema. Es bleibt im intimen Raum und wird verborgen. Auch das führt zur Verstärkung von Vereinsamungstendenzen. Jede Unterstützung, über Schamgefühle, Beschämungen und über Schuldgefühle zu reden, hilft gegen das Vereinsamungsleiden.

Wie dies geschehen kann, ist bei jedem Menschen unterschiedlich. Manchmal hilft es, von eigenen Scham- und Schuldgefühlen zu reden, um andere Menschen einzuladen, dies auch selbst zu tun. Oft gibt es Gesprächsfetzen, bei denen man nachfragen kann.

Konkretisieren

Wenn die vereinsamten alten Menschen nach biografischen Erfahrungen gefragt werden, kommen manchmal nur wenige Antworten oder nur das, was sich gerade an der Oberfläche des Mitteilbaren bewegt. Wenn Sie fragen: »Wie war es denn in der Kriegszeit?«, dann kommen oft keine Antworten. Wenn Sie aber konkreter fragen: »Wo und wie haben Sie den Tag der Kapitulation erlebt?«, dann fangen viele Menschen an zu berichten. Wenn jemand erzählt, er sei im Flüchtlingslager gewesen, dann fragen Sie nach: »In welchem? Mit wie vielen Menschen? Wie lange? Was gab es dort zu essen? Wie groß waren die Zimmer? … usw.« Konkret nachzufragen hilft. Es unterstützt das Gedächtnis und macht das Erlebte plastisch. Vor allem unterstützt es die Beschäftigung mit Erfahrungen, die den Quellen der Vereinsamung entgegenwirken.

Die Leere zwischen den Generationen

Insbesondere in der Nachkriegszeit in den 1950er und 1960er Jahren wurde nicht über die Kriegserfahrungen geredet. Weder im Osten noch im Westen. Traumatisierungen, Flucht, Vertreibung – all das wurde verschwiegen. Die Menschen wollten ihre Kinder schonen oder hatten selbst keine Worte oder verbargen die schlimmen Erfahrungen in einem scheinbar verschlossenen Kasten.

Diese Leere zwischen den Generationen zeigt sich auch als seelisches Erbe der DDR. Viele Menschen aus der DDR flohen oder verließen die neuen Bundesländer unmittelbar nach der Wende und Wiedervereinigung. Über diese Belastungen und Erfahrungen wurde oft nicht geredet. Auch dies zeigte sich später häufig als Sprachlosigkeit zwischen den Generationen. Wer nicht miteinander spricht oder zumindest nicht über das spricht, was die Menschen wirklich bewegt, fördert die Vereinsamung.

Dieser Vereinsamung zwischen den Generationen kann und sollte man entgegenwirken, indem man darüber spricht. Eine sofortige Aufhebung der Sprachlosigkeit zwischen den Generationen ist selten möglich. Es gilt vor allem, erst einmal das Herz zu erleichtern und all das auszusprechen, was vorher nicht ausgesprochen war, mit einer Begleitungsperson des Vertrauens. Manche können auch Briefe schreiben oder kleine Bücher verfassen. Wie auch immer. Einen ersten Ausdruck zu finden, ist der erste Schritt. Was sich daraus ergibt, hängt von den konkreten familiären und sonstigen Bedingungen ab.

Vergissmeinnicht

Zum Ausklang eine kleine Erfahrung, vielleicht als Anregung:

> Eine alte Dame hatte mehrere Gespräche mit einer professionellen Begleiterin. Als Ergebnis gestaltete sie ein »Vergissmeinnicht«: Sie wählte ein Foto von sich aus und klebte es auf ein Blatt Papier. Drumherum malte sie Bäume, einen Bach und anderes, was sie so sehr liebte. In einem weiteren Kreis malte sie manches, was sie mochte: Schwarzwälder Schinken, Musicalsongs, ihre Lieblingsfernsehsendungen und ihre Palme auf dem Fensterbrett … und ein Gläschen Eierlikör. Sie hieß Helga und schrieb darunter: Helgas Vergissmeinnicht. Das fotografierte sie und wollte dies an sieben Menschen schicken, die sie mochte und mit denen sie gern ein bisschen mehr Kontakt hätte. Sie schrieb an jede dieser sieben Personen einen Brief: Der begann mit: *Ich mag an dir, dass …* Und endete mit: *Herzliche Grüße, deine Helga.* Keine Aufforderungen, nur eine Äußerung, was sie gern an dem Menschen mochte. Dann legte sie das Vergissmeinnicht-Bild, das ihre Begleiterin hatte ausdrucken lassen, dazu.

Udo Baer, Dr. phil. (Gesundheitswissenschaften), Diplom-Pädagoge, Kreativer Leibtherapeut AKL, ist Mitbegründer und Wissenschaftlicher Berater der Zukunftswerkstatt tk kreativ und Wissenschaftlicher Leiter des Instituts für soziale Innovationen (ISI) sowie des Instituts für Gerontopsychiatrie (IGP) und Vorsitzender der Stiftung Würde.

Kontakt: u.baer@baer-frick-baer.de

Literatur

Udo Baer, U.; Frick-Baer, G. (2014). Das große Buch der Gefühle. Weinheim.

Wenn schon altern, dann mit Humor

Rolf D. Hirsch

»Nichts vermöchte die Umstellung gegenüber menschlicher Bedingt- und Gegebenheiten so heilsam zu gestalten wie der Humor.«
(Viktor Frankl)

»Das Leben hört nicht auf, komisch zu sein, wenn Leute sterben, so wenig wie es aufhört, ernst zu sein, wenn Leute lachen.«
(Bernard Shaw)

Altern ist nichts für Feiglinge

Die Lebenserwartung in der Bevölkerung ist in den letzten Jahrzehnten erheblich gestiegen. Es gibt immer mehr Hoch- und Höchstbetagte. Sie werden zu ihrem Geburtstag beglückwünscht. Freuen sie sich darüber? Bobbio (1997) schreibt: »Wer das Alter preist, hat ihm noch nicht ins Gesicht gesehen.« Ist das Alter nur Last und Bürde? Mit zunehmendem Lebensalter erhöht sich das Risiko, an einer oder mehreren Erkrankungen zu leiden. Damit einher gehen viele Arztbesuche, Klinikaufenthalte und die Verschreibung vielfältiger Medikamente sowie Pflegebedürftigkeit.

Von der Gerontologie wissen wir, dass Altern durch einen steten Wandel von psychischen, körperlichen sowie sozialen Kompetenzen und deren Interaktion charakterisiert ist und die inter- und intraindividuelle Schwankungsbreite sehr groß ist. Jeder Mensch hat seine individuelle Biografie. Die Plastizität des Gehirns und das wechselseitige Verhältnis zwischen geistiger Aktivität und Struktur sind bis in das hohe Alter beträchtlich. Verringern sich auch die körperlichen Funktionen, so nehmen prozessübergreifende Fähigkeiten wie Geübtheit, Genauigkeit, Erfahrung, Urteilsvermögen und heitere Gelassenheit eher zu. Ein neunzigjähriger Mann antwortet auf die Frage, ob er sein hohes Alter nicht beschwerlich findet: »Nein, gar nicht. Die einzige Alternative dazu ist doch der Tod.«

Humor im Alter: eine Lebens- und Überlebensressource

Eine gute Definition, was unter Humor zu verstehen ist, gibt der Duden (2007): Humor ist eine »*Gabe eines Menschen, der Unzulänglichkeit der Welt und der Menschen, den Schwierigkeiten und Missgeschicken des Alltags mit heiterer Gelassenheit zu begegnen, sie nicht so tragisch zu nehmen und* ***über sie und sich lachen*** *zu können*«. Im Alter braucht man Humor mehr denn je, um gegen kleine und größere Missgeschicke, Kränkungen und Verluste sowie körperliche und psychische Einbußen, die vor sich und anderen häufig schamvoll vertuscht oder verschwiegen werden, gewappnet zu sein.

Nun ist Lachen nur in ca. 20 Prozent ein Korrelat von Humor. Lachen kann auch zynisch, aggressiv, verlegen, schamlos und anderes mehr sein. Aus- sowie Verlachen und über einen anderen lachen sind kein Ausdruck von Humor. Er ist befreiend, lebensfreundlich, keinesfalls kränkend. Humor ist eine mehr oder weniger ausgeprägte Persönlichkeitseigenschaft, Lachen nur eine kurzfristige psychophysiologische Reaktion. Humor ist auch eine Lebenseinstellung. Ist ein Glas Wasser halb voll oder halb leer? Humor entwickelt sich im Laufe des Lebens je nach Erziehung, Bezugspersonen und Sozialisation mehr oder weniger. »Etwas Humor« kann jeder in jedem Lebensalter lernen, auch wenn er nicht »in die Wiege« gegeben wurde. Es ist nie zu spät, es wird nur immer später!

Leidfaden, Heft 1 / 2021, S. 47–51, © Vandenhoeck & Ruprecht GmbH & Co. KG, Göttingen, 2021, ISSN 2192-1202

Viele haben im Laufe des Lebens ihr heiteres und fröhliches Lachen ebenso verlernt wie Spontaneität, Kreativität, Fantasie und Spielen. Der Ernsthaftigkeit, mit welcher viele Ratschläge zum »erfolgreichen Altern« gegeben werden, kann man nur humorvoll begegnen. Humor kann alltägliche Begebenheiten mit Heiterkeit würzen und damit auch ein angenehmes freudvolles Ereignis mit Heiterkeit noch toppen. Ein heiterer Witz zur rechten Zeit fördert Kommunikation und Gemeinsamkeitsgefühl. Humor als Überlebensstrategie verhilft über kränkende und erniedrigende Situationen sowie körperliche Gebrechen, die im Alter öfters auftreten können, hinwegzukommen und sich von diesen nicht einnehmen zu lassen oder zu verzweifeln. Manch alter Mensch ist erfahren im Scheitern und hat gelernt, dennoch nicht zu verzagen. Hier hilft Humor! Jede Situation und jedes Missgeschick haben nach Karl Valentin drei Seiten: eine positive, eine negative und eine komische. Letztendlich kann alles komisch sein, wenn irgendetwas nicht dem Stil, der Regel, der Situation, der Kommunikation, der Kleidung oder dem Benehmen so entspricht, wie man das gelernt hat, gewohnt ist oder erwartet. Gerade im Alter hilft dieser Aspekt, eigene, etwas zu starre Verhaltensmuster, Rechthaberei, Misstrauen oder Fehlersucherei zu hinterfragen und sich dann über die eigenen Unzulänglichkeiten zu amüsieren. Bekannt ist ja, wenn alles stimmig ist, dass mancher dann irgendein »Haar in der Suppe« findet und damit die Stimmung einer ganzen Gesellschaft vermiesen kann. Ist das nicht komisch?

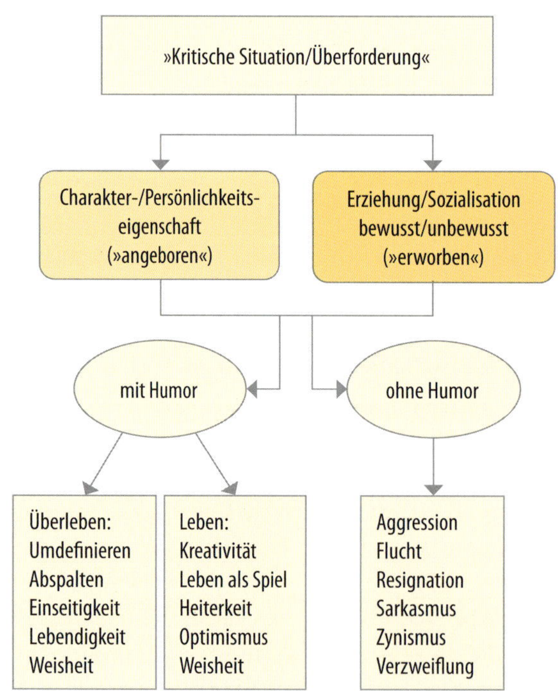

Kritische Situationen mit/ohne Humor bewältigen (Hirsch 2019)

Veränderungen und Effekte von Humor im Alter

Untersuchungen verdeutlichen, dass Humor im Alter einen sehr positiven Effekt auf den psychophysischen Gesundheitszustand hat und die heitere Gelassenheit zunimmt. Humorvolle Ältere können besser lernen, verfügen über eine größere Selbstsicherheit und über eine höhere emotionale Ausgeglichenheit. Bei gesundheitlicher Einschränkung können sie Stress und körperliche Einbußen leichter bewältigen (Simon 1990).

Mit dem Alter verändern sich die Situationen und Inhalte, die als humorvoll erkannt und erlebt werden. So zeigte sich bei einer Untersuchung von Fünfzig- bis Achtzigjährigen ein vermindertes Humorverständnis mit zunehmendem Alter. Ausgeprägter war dies bei Älteren, deren kognitive Leistungen schlechter waren als bei anderen. Angesprochen wird, ob eine allmählich nachlassende Frontalhirnfunktion zu einer kognitiven Beeinträchtigung führt, die ein Humorverständnis verringert, die affektive Humorverarbeitung allerdings nicht beeinträchtigt. Eine Zunahme von Humor im Alter konnten Thorson und Powell (1996) bei der Bewältigung von Widrigkeiten und Stress feststellen. So lässt sich folgern, dass das emotionale Humorverständnis im Alter nicht abnimmt, das kognitive dagegen schon (Falkenberg 2010).

Amanda Carden / Shutterstock.com

Humor als wichtiger Begleiter im Alter

Humor ist für die Gestaltung eines angstfreien und erfüllten Lebens so wichtig, dass er nicht ernst genug genommen werden kann. Manch alte Menschen haben zahlreiche Schicksalsschläge, Entbehrungen und Tiefen erlebt, die für viele schwere Depressionen ausreichen würden, und behielten trotzdem ein heiteres Gemüt. Humor ist gerade im Alter von hoher Bedeutung (Hirsch 2019, Solomon 1996):

- Humor verbessert das körperliche Wohlbefinden (Immunsystem, Atmung, Herz-Kreislauf-System) und trägt zur Schmerzverringerung bei (Endorphine).
- Humor kann wichtige soziale Beziehungen und Kontaktfreudigkeit erhalten und verbessern. Diese sind gerade im Alter gefährdet und drohen zu bröckeln.
- Humor trägt zur Verminderung von Ängsten und Sorgen bei. Dadurch gelingt es zum Beispiel deutlich besser, die Anpassung an veränderte Lebenssituationen wie auch den manchmal nötigen Umzug ins Alten- oder Pflegeheim zu bewältigen.
- Humor stärkt das Gefühl von Selbstwirksamkeit. Gemeint ist die Zuversicht, sein Umfeld in gewünschter Richtung beeinflussen zu können. Dieses Gefühl ist im höheren Alter durch das Erleben von eigenen körperlichen und geistigen Verlusten häufig vermindert. Durch das Witzeln über die Ursache eines momentan schlechten Wohlbefindens kann beispielsweise auch rückwirkend ein Gefühl von Kontrolle erzeugt werden.

Humor hat auch etwas mit Weisheit und Integrität zu tun. Zur Lebensqualität und zum Wohlbefinden gehört einfach ein Quäntchen Humor dazu. Es ist quasi ein Lebensmittel: »Der Heiterkeit sollen wir, wann immer sie sich einstellt, Tür und Tor öffnen, denn sie kommt nie zur unrechten Zeit« (Schopenhauer 1818). Hierfür gibt es auch im höheren Lebensalter Hilfsmittel, Tipps und Mitmenschen. Wie Bewegungsübungen so gehört ein heiteres Humortrainieren zum Tagesprogramm. Ein bisschen was geht immer! Es nützt nichts frei nach Karl Valentin zu lamentieren: »Mögen hätte ich schon wollen, aber dürfen habe ich mich nicht getraut.« Was soll schon passieren? Schlimmstenfalls: heitere Verringerung von Griesgrämerei, Schmerzen und Nöten. Allerdings: Man muss es schon selber machen!

Humor als Lebens- und Überlebenshilfe im Alter – Anregungen

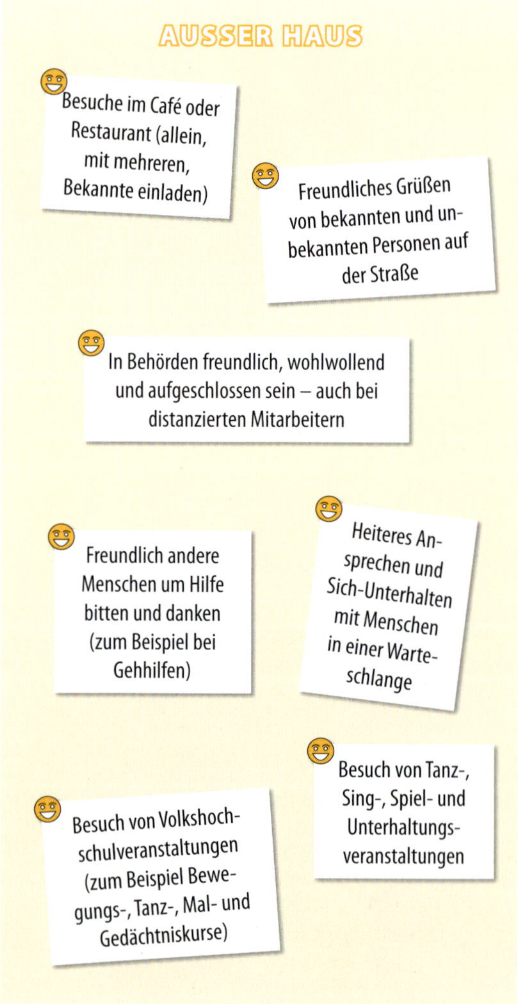

ZU HAUSE

- Ansehen von lustigen humorvollen Videos, DVDs und Spielfilmen
- Lesen von humorvollen, fröhlichen Geschichten, Romanen, Anekdoten und Witzen (Nachttisch, Toilette, Eingang) insbesondere am Morgen und am Abend
- Anhören von humorvollen Radiosendungen und CDs
- Gemeinschaftsspiele mit der Familie und mit Bekannten
- Besuch von Komödien, Burlesken, Operetten und Zirkus
- Bewusst mindestens dreimal täglich lachen
- Witzige Geschenke machen (zum Beispiel Smileys, Lachsack, bunte Aufzieh-Spielsachen, Seifenblasen, Luftballons und andere Juxartikel)
- Grimassen vor dem Spiegel schneiden, diese genießen
- Führen eines Anekdoten- und Witzbuches (für Witze und Anekdoten, die man selbst lustig findet, sowie für das Aufschreiben von komischen oder witzigen Ereignissen
- Rote Nase besorgen und bewusst einsetzen
- Bei Fehltelefonaten (»falsch verbunden«) eine Anekdote oder einen Witz erzählen
- Cartoons oder heitere Sprüche aufhängen und sich daran ergötzen
- Besucher mit einer Anekdote begrüßen oder in eine lustige Situation bringen
- Button zu unterschiedlichen Anlässen und verschiedenen Bildern/Wörtern tragen
- Lieder singen oder summen (auch im Tagesgeschehen)
- Anekdoten-/Witz-Tageskalender besorgen
- Tanzen (auch allein) auf Tanzmusik (CDs, Radio)
- Kleine »Missgeschicke« bewusst erleben und weitererzählen

Fazit

Mit zunehmendem Alter können vermehrt Beschwerden auftreten, die einem das Leben erheblich erschweren und einen verzweifeln lassen. Kein alter Mensch ist diesen hilflos ausgeliefert. Ist Humor auch kein Allheilmittel, so kann er doch Schmerz, Leid, Kränkungen und Niedergeschlagenheit lindern. Er ist eine bedeutende fröhliche Macht, die das Leben lebenswert macht. Zahlreiche Möglichkeiten bestehen, den eigenen Humor zu stärken oder wiederzuerlangen. Ein bisschen etwas geht immer!

Prof. Dr. phil. Dr. med. **Rolf Dieter Hirsch** war Chefarzt der Abteilung für Gerontopsychiatrie und -psychotherapie. Er hat eine nervenärztlich/psychotherapeutische Privatpraxis in Bornheim-Hersel und ist am Institut für Psychogerontologie der FAU Erlangen-Nürnberg tätig.

Kontakt: r.d.hirsch@t-online.de

Literatur

Bischofberger, I. (2008). Das kann ja heiter werden. Humor und Lachen in der Pflege. 2., überarb. und erweiterte Auflage. Bern.

Bobbio, N. (1997). Vom Alter – De senectute. Berlin.

Duden (2007). Das Herkunftswörterbuch. Mannheim.

Falkenberg I. (2010). Entwicklung von Lachen und Humor in den verschiedenen Lebensphasen. In: Zeitschrift für Gerontologie und Geriatrie, 43, 1, S. 25–30.

Hirsch, R. D. (2011). Alterslast – Lebenslust. Humor kennt keine Altersgrenze. In: Psychotherapie im Alter, 8, 4, S. 527–544.

Hirsch, R. D. (2019). Das Humorbuch. Die Kunst des Perspektivenwechsels in Theorie und Praxis. Stuttgart.

Hirsch, R. D.; Bruder, J.; Radebold, H. (2010). Heiterkeit und Humor im Alter. Bonn u. a.

Köhler, P. (Hrsg.) (2001). Das Anekdoten-Buch. Stuttgart.

Schopenhauer, A. (1818/1977). Zur Theorie des Lächerlichen. In: Die Welt als Wille und Vorstellung II, Erster Teilband. Zürich.

Simon, J. M. (1990). Humor and its relationship to perceived health, life satisfaction and morale in older adults. In: Issues in Mental Health Nursing, 11, S. 17–31.

Solomon J. C. (1996). Humor aging well: A laughing matter or matter of laughing? In: American Behavioral Scientist, 39, 3, S. 249–271.

Thorson, J. A.; Powell, F. C. (1996). Woman, aging, and sense of humor. In: Humor – International Journal of Humor Research, 9, S. 169–186.

Titze, M.; Patsch, I. (2004). Die Humorstrategie. Auf verblüffende Art Konflikte lösen. München.

Valentin, K. (2009). Mögen hätt' ich schon wollen. Skurrile Sprüche & Bilder. Rosenheim.

Bildung im Alter – Bildung fürs Alter

Das Potenzial der späten Lebensjahre entdecken

Elsmarie Stricker

Bildung im Alter? Ist das Alter für viele Menschen nicht gerade die Chance, endlich die beruflichen Anforderungen hinter sich zu lassen und nun einfach zu sein, ohne etwas leisten und sich beweisen zu müssen? Und die Gelegenheit, um sich zu befreien von Bildungsansprüchen, Bildungsunterschieden oder von mehr oder weniger gelungenen Bildungsbiografien? Diese Sichtweise hat Berechtigung, jedoch liegt ihr ein verkürzter Bildungsbegriff zugrunde. Wenn wir beginnen, Bildung nicht als Zustand oder Status im Sinne von »gebildet sein« zu verstehen, sondern vielmehr als einen lebenslangen Prozess, eröffnen sich neue Perspektiven. Bildung wird dann zur Option für alle Menschen, unabhängig davon, was im jeweils persönlichen Bildungsrucksack mitgetragen wird. »Non scholae, sed vitae discimus« (lateinisch: »nicht für die Schule, sondern für das Leben lernen wir«, Seneca, 1. Jahrhundert n. Chr.) – das wurde uns in unserer Jugend immer wieder gesagt. Was wir lernten, würde früher oder später in unserem Alltagsleben relevant sein. Gilt das auch noch für das Lernen im Alter? Gemäß Kricheldorff (2018, S. 46) ist der Mensch sein Leben lang herausgefordert, sich an immer wieder wechselnde Lebensbedingungen anzupassen. Das mag sich im Alter sogar noch akzentuieren. Dabei kommt uns eine grundlegende Lernfähigkeit zu Hilfe.

Vom Lernen zur Bildung

Reines Lernen ist aber noch nicht zwingend auch Bildung. Bildung vollzieht sich dann, wenn die *reflexive* Komponente dazukommt, wenn sich der Mensch der Bedeutung des neu Gelernten oder der eigenen Erfahrung bewusst wird. Dies kann in einem gezielten, formalen Rahmen angestoßen werden oder auch beiläufig geschehen. Wenn wir mit diesem Bildungsbegriff arbeiten, legen wir eine wesentliche gerontologische Prämisse zugrunde. Diese beinhaltet, dass sich jeder Mensch bis ins ganz hohe Alter entwickeln und entfalten kann. Sie steht im Gegensatz zu dem in unserer Gesellschaft nach wie vor teilweise verbreiteten defizitären Altersbild. Gemäß diesem entspricht Alter einer Abwärtsspirale, die früher oder später praktisch jeden Lebensbereich betrifft. Dementsprechend würden ab einem bestimmten Alter weder Lebensaufgaben warten, noch gäbe es neu zu entdeckende oder zu fördernde Potenziale. Wer so auf das Altwerden schaut, unterschätzt die späte Lebensphase und befördert indirekt manche existenziellen Sinnkrisen bei alten Menschen.

Entwicklungspotenzial bis ins hohe Alter

Schon seit einiger Zeit wissen wir aus der Hirnforschung, dass das menschliche Gehirn bis ins sehr hohe Alter lernen kann (Hüther 2016). Mehr noch: Die Neuroplastizität ermöglicht dem Gehirn sogar, sich nach einer Verletzung in einem gewissen Maß selbst zu regenerieren. Diese grundsätzliche Lernfähigkeit bildet zweifellos die notwendige Basis für die vielfältigen und anspruchsvollen Adaptationsleistungen, die das hohe Alter den meisten Menschen abverlangt. Der Psychoanalytiker Erik Homburger Erikson hat in seinem *psychosozialen Entwicklungsmodell* die hauptsächliche Lebensaufgabe im Alter mit dem Begriffspaar »Integrität versus Verzweif-

Leidfaden, Heft 1 / 2021, S. 52–55, © Vandenhoeck & Ruprecht GmbH & Co. KG, Göttingen, 2021, ISSN 2192-1202

lung« beschrieben (vgl. Flammer 2017). Es geht darum, die guten und schwierigen Erfahrungen aus dem bisherigen Leben in sich zu integrieren und sich mit dem Gewesenen, Durchlebten, aber auch Verpassten zu versöhnen. Erst dies ermöglicht es, sich auch auf das Unabwendbare (existenzielle Verluste, Sterben, Tod) vorzubereiten, ohne daran zu verzweifeln. Dass diese Integritätsaufgabe gelingt, ist nicht selbstverständlich. Bildung kann dies unterstützen.

Bildung *fürs* Alter und Bildung *im* Alter

Bildungsangebote für Menschen in der erwerbstätigen Lebensphase orientieren sich in der Regel an den konkreten Aufgaben und Anforderungen der Berufswelt. Wie bereiten wir uns aber auf das Leben danach vor? Wenn die gewohnten Anforderungen und Strukturen wegfallen, geht es darum, nun ohne den bisherigen Rahmen seinem Leben Form und Gestalt zu geben und es neu oder vermehrt auf selbstgewählte Ziele hin zu organisieren. Dazu kommt ein langsam heranwachsendes Bewusstsein der Endlichkeit, so dass unter Umständen nicht mehr alles Wünschbare verwirklicht werden kann. Und die leise Ahnung, dass früher oder später mit Verlusten von Menschen, von Gesundheit oder Selbstständigkeit klarzukommen ist. Dies alles bedeutet, ganz auch im Sinne von Erikson, dass *das eigene Altern* ein zentrales Entwicklungs- und damit auch Lernthema ist. Es stellt sich die Frage, wie ältere Menschen darin unterstützt werden können, sich dieser Lebensaufgabe zu stellen und zunehmend in ihrem Verhältnis zu sich selbst, zu anderen und zur Welt zu einer persönlichen Integrität zu gelangen. Wie man in unserer Gesellschaft altern lernt, ist angesichts der demografischen Entwicklung ein unerlässliches Thema. Es lohnt sich, darüber nachzudenken.

Nicht zu vernachlässigen ist aber auch die Bildung *im* Alter. In der Gerontologie wird oft zwischen dem dritten und vierten Lebensalter unterschieden. Dabei beschreibt das dritte Lebensalter die Zeit, die noch von Gesundheit und Selbstständigkeit geprägt ist (im Durchschnitt noch zwanzig weitgehend gesunde Jahre nach der Pensionierung), und das vierte Lebensalter die Lebensphase, in der gesundheitliche Beeinträchtigungen sowie Sorgebedarf deutlich zunehmen. Wer 60 oder 65 Jahre alt geworden ist, hat in der Regel weniger seine eigene Vergänglichkeit vor Augen als vielmehr die Jahre, die er noch leben und nutzen will. Angesichts dessen wäre es unangemessen, hier lediglich von der »Bildung *fürs* Alter« zu sprechen.

Bildungsthemen im Alter

So reichhaltig wie unsere Welt, so breit sind die Bildungsthemen, die sich anbieten. Und wie eingangs bereits angedeutet, kann sich Bildung als Prozess in sehr verschiedener Weise vollziehen. Nachfolgend sind exemplarisch einige wenige Bereiche beschrieben.

Als Erstes ist hierbei ein wichtiger gesellschaftlicher Betätigungsort vieler Menschen in der nachberuflichen Phase zu nennen: das freiwillige respektive ehrenamtliche Engagement. Unabhängig davon, in welchem Kontext es geschieht, eröffnen sich im freiwilligen Einsatz oft neue Herausforderungen, es können wertvolle Erfahrungen gesammelt, weiter genutzt und der Horizont erweitert werden: Bildung also im umfassenden Sinn. Dabei bilden Qualitäten, die mit dem Lebensalter zunehmen, wie Lebenserfahrung, Verantwortungsbewusstsein, Zuverlässigkeit oder vernetztes Denken hilfreiche Voraussetzungen. Zudem erleben Menschen ihre Selbstwirksamkeit, fühlen sich gebraucht und finden dadurch Sinn. In manchen Situationen ermöglicht das freiwillige Engagement auch die Interaktion mit Menschen jüngerer Generationen, was eine besondere Chance darstellt. Beispielsweise öffnen jüngere Menschen der älteren Generation oft Türen zu technologischen Entwicklungen und damit ein neues und gerade im Alter bei abnehmender Mobilität praktisches Fenster zur Welt.

Informelles freiwilliges Engagement leisten Menschen (vor allem Frauen) in der nachberuflichen Phase sehr oft im Rahmen der sogenannten Care-Arbeit, sei dies bei der Enkelbetreuung oder der Pflege und Betreuung ihrer eigenen Eltern oder Schwiegereltern. Gerade Letzteres wird zu Recht meist unter dem Aspekt der enormen Belastung beschrieben. Jedoch wiesen Kricheldorff und Bubolz-Lutz (2013) schon früh darauf hin, dass die Übernahme einer Pflegeaufgabe ein äußerst wertvolles Lern- und Reflexionsfeld sein kann. Dies unter der Bedingung, dass die betreuenden Angehörigen in dieser Aufgabe nicht allein gelassen werden.

Ein bei älteren Menschen zunehmend beliebtes Bildungsfeld ist die Biografiearbeit mit unterschiedlichen methodischen Ansätzen. Biografische Erzählgruppen bilden beispielsweise eine mögliche Form. In ihnen können nicht nur die je individuellen Geschichten, das eigene Gewordensein, sondern dessen Zusammenhang mit politischen, kulturellen oder gesellschaftlichen Kontexten reflektiert werden.

Kunst, Musik, Literatur, Reisen, Kulturen, Natur, Sprachen sind weithin beliebte Bildungsfelder, gerade für ältere Menschen. Dabei knüpfen manche gerne an Früheres an, andere nutzen die Lebensphase Alter, um nochmals Neues zu beginnen und zu entdecken. Nicht mehr zu *müssen*, sondern aus einer Vielfalt interessengeleitet das Passendste wählen zu können, ist eines der Privilegien unserer modernen, westlichen und von Wohlstand geprägten Welt.

Die Verantwortung des Einzelnen und der Gesellschaft

Heute weiß man, dass Bildung auf das Älterwerden eine positive Wirkung hat und Entwicklungspotenziale auch in der Phase des dritten und sogar vierten Lebensalters vorhanden sind. Dies ist jedoch von zwei sich ergänzenden Bedingungen abhängig: Es braucht eine Weltzugewandtheit des einzelnen älter werdenden Menschen. Gemeint sind damit Wachheit, Interesse, Anteilnahme, Mitverantwortung. Im Gegenzug dazu ist aber auch ein gesellschaftliches Umdenken erforderlich. So sind wir aufgefordert, das eigene Altersbild zu überprüfen und gegebenenfalls zu revidieren. Es gilt zu überlegen, was die Gesellschaft, was wir alle dazu beitragen können, die Teilhabe und Partizipation der älteren Generation zu fördern. Ein besonderes Augenmerk ist dabei auf die sozial und wirtschaftlich benachteiligten älteren Menschen zu werfen. Gerade für sie braucht es niederschwellige Möglichkeiten der

knallgrün / photocase.de

Teilhabe. Dies kann schon damit beginnen, dass wir uns für die je individuellen Lebensgeschichten sowie die Lebenssituationen der älteren Menschen in unserem Umfeld interessieren und ihnen zuhören. Dadurch eröffnen wir ihnen einen möglichen Raum, um über sich, andere und die Welt nachzudenken. Das entspricht, wie eingangs dargelegt, dem eigentlichen Wesen von Bildung.

Elsmarie Stricker, Sozialarbeiterin lic. phil. I mit Weiterbildung in Katechetik, Supervision und individualpsychologischer Beratung. Sie war Dozentin an der Berner Fachhochschule BFH im Themenfeld »Alter« und Leiterin Bildung im Institut Alter der BFH. Seit 2020 ist sie pensioniert und im »dritten Lebensalter« mit vielfältigen Interessengebieten und ehrenamtlichen Aufgaben weiterhin aktiv unterwegs.

Kontakt: e.stricker@gmx.ch

Literatur

Flammer, A. (2017). Entwicklungstheorien. Psychologische Theorien der menschlichen Entwicklung. 5. Auflage. Göttingen.

Hüther, G. (2016). Mit Freude lernen – ein Leben lang. Weshalb wir ein neues Verständnis vom Lernen brauchen. Sieben Thesen zu einem erweiterten Lernbegriff und eine Auswahl von Beiträgen zur Untermauerung. Göttingen.

Kolland, F.; Gallisti V.; Wanka, A. (2018). Bildungsberatung für Menschen im Alter. Grundlagen, Zielgruppen, Konzepte. Stuttgart

Kricheldorff, C. (2018): Altern – Lernen – Bildung aus der Perspektive der sozialen Gerontologie. In: Schramek, R.; Kricheldorff, C.; Schmidt-Hertha, B.; Steinfort-Diedenhofen, J. (Hrsg.): Alter(n) – Lernen – Bildung. Ein Handbuch. Stuttgart.

Kricheldorff, C.; Bubolz-Lutz, E. (2013). Das Modell Pflegebegleitung. Vernetzung, Kompetenzentwicklung und Empowerment als Prinzipien bei der Begleitung pflegender Angehöriger. In: Schweizerisches Rotes Kreuz (Hrsg.): Who cares? Pflege und Solidarität in der alternden Gesellschaft (S. 244–262). Zürich.

Feuervergoldete Kleinplastik aus Bronze, etwa Mitte 16. Jahrhundert, München

Mit dem bronzenen Dreikopfknauf, der drei verschiedene männliche Köpfe unter einer Kopfbedeckung zusammenfasst, werden idealtypisch drei verschiedene Lebensstadien dargestellt. Diese Dreiteilung des Lebensalters, die in Analogie zum Sonnenlauf vorgenommen wurde, tritt bereits in der Antike auf: Damals allerdings – bei den Vorsokratikern – wie auch in den Theorien des ausgehenden Mittelalters waren die Lebensalter allein auf das männliche Geschlecht bezogen und mit Charaktereigenschaften und Wertungen verbunden. Auch bei dem Dreikopfknauf sind die Gesichter in ihrem Alter deutlich voneinander zu unterscheiden: Ein ovales, ebenmäßiges Gesicht mit makellos glatter Haut und fein gestutztem Oberlippenbart und zudem üppigen Locken kennzeichnen den jüngsten Mann, während der Mann mittleren Alters durch tief in den Höhlen liegende Augen, hervortretende Wangenknochen und Stirnhöcker und einen üppigen Bart charakterisiert wird. Der dritte, älteste Mann schließlich tritt durch ein markantes, schmales und faltenreicheres Gesicht, sichtbar ausgebildete Tränensäcke, eine Nase, die einen Höcker bildet, eingefallene Wangen und lange Barthaare hervor.

Hinter dieser augenscheinlich auf den ersten Blick zu erfassenden Lebensaltersdarstellung verbirgt sich ein humanistischer Diskurs, der allerdings in keiner Weise den Verfall oder die Gebrechlichkeit thematisiert, sondern viel mehr die Einteilung des Lebens in die aktiven Zeiträume handelnder Männer spiegelt. Dieser Stockaufsatz, der aus der Helmzier der venezianischen Familie Trevisan-Cappello hervorgegangen ist, ist zugleich ein Ausweis dafür, dass im humanistischen Kontext mit der auf einem Stab angebrachten Altersdarstellung der Anspruch auf Weisheit und die Stärke eines familiären Hauses verbunden ist. Diese Verbindung von Weisheit mit alten Männern im Allgemeinen hat sich bis heute erhalten – man denke nur an die Mitglieder von politischen Beratungsgremien, an Bundespräsidenten, Päpste oder auch Wissenschaftler.

»Der Tod ist unser letzter Freund«, war sein Vater gegen Ende seines Lebens überzeugt – und der nun vor Ihnen liegende Text endet mit den Worten meines Mannes, Lorenz Marti, so: »Und ich hoffe, dass dieser eigenartige, ›letzte Freund‹ mich vorläufig noch in Ruhe lässt …«. Vier Wochen später wurde mein Mann nach einem schönen Tag ganz plötzlich mitten aus seinem Leben gerissen, weg von allen und allem, Herzstillstand, tot.

Das Wunder des Lebens, des Universums, die Sterne, die Fragen nach dem Woher und Wohin und dem Sinn und ganz besonders das Staunen über diese verrückte Welt haben Lorenz Marti zeit seines Lebens beschäftigt und fasziniert. Und die Zerbrechlichkeit und Vergänglichkeit von allem, was ist.

Mich hat der Text schon vorher sehr berührt und durch den so plötzlichen Tod meines geliebten Mannes hat er noch eine weitere, tiefere Dimension erhalten. Im Wissen darum, was geschehen ist, lese ich ihn mit anderen Augen. Vielleicht geht es Ihnen ja ganz ähnlich.
Corina Bräuer Marti
Kontakt: corina.braeuer@gmx.ch

Der letzte Freund, die Zeit und die Sterne

Versuch einer Horizonterweiterung

Lorenz Marti

»Du bist ja noch jung«, sagte mein Vater, als ich mit ihm beim Mittagessen im Restaurant des Altersheims saß. Er sagte es mit Nachdruck, und ich war geneigt, ihm das zu glauben. Ich war 64, mein Vater 95. Aus seiner Perspektive, sozusagen von oben herab, mochten meine gut sechs Jahrzehnte noch fast jugendlich erscheinen, nur jugendlich war ich eindeutig nicht mehr. Wobei das auch nicht ganz stimmt: Im Altersheim kam ich mir tatsächlich ziemlich jung vor, aber nur, weil ich da von lauter Hochaltrigen umgeben war. Diese Umgebung erlebte ich als eigentlichen Jungbrunnen – der aber versiegte, sobald ich das Heim verließ. Spätestens wenn ich dann vor der Supermarktkasse mühsam mein Kleingeld zusammenklaubte und die passenden Münzen ohne meine Lesebrille nicht finden konnte, hatte mein Alter mich wieder eingeholt.

Nein, jung war ich definitiv nicht mehr. Aber immerhin 31 Jahre jünger als mein Vater, was umgerechnet mehr als elftausend Tage ergibt. Tausende von Tagen! Doch ein solcher Reichtum schmilzt erfahrungsgemäß schnell dahin. Der Vorrat ist bald einmal aufgebraucht und schon

Leidfaden, Heft 1 / 2021, S. 57–60, © Vandenhoeck & Ruprecht GmbH & Co. KG, Göttingen, 2021, ISSN 2192-1202

ist man »betagt«, was seltsam klingt, aber nach Grimms Wörterbuch eine schöne Bedeutung hat: *Zu seinen Tagen gekommen*. Im besten Falle ist man »*wohl* betagt« wie der greise Abraham, der angeblich 175 Jahre alt geworden ist. Eine solche Zahl ist kaum wörtlich zu nehmen, und so steinalt möchte man vielleicht doch nicht werden. Mein Vater jedenfalls empfand seine letzten Jahre zunehmend als Last, was ihn gelegentlich zur halb ironischen Bemerkung veranlasste, der liebe Gott habe ihn hienieden vergessen.

Und noch etwas anderes sagte er: »Der Tod ist unser letzter Freund.« Ich habe gestutzt. Wie bitte? Nein, dieser angebliche »Freund« hat mir schon zu viele gute Freunde weggenommen! Menschen in meinem Alter, die bereits nicht mehr da sind. Mitten aus dem Leben gerissen hat er sie, kein Freund würde so etwas machen. Allerdings – in den späten Jahren, wenn die wirklichen Freunde alle gegangen sind und die Tage einsam und beschwerlich werden, ja, dann sieht es möglicherweise anders aus. Ich hoffe es zumindest und stelle mir vor: Wenn du am Ende deiner Tage bist, kommt nicht ein Feind, der dich niedermäht, sondern ein Freund, der dich mitnimmt. Diese Vorstellung gefällt mir: ein Abschied im Einverständnis.

Oben auf der Generationenleiter

Kurz nach seinem 96. Geburtstag ist mein Vater gestorben. Die Tage zuvor hatte er nichts mehr gegessen und nichts mehr getrunken, bis schließlich sein letzter Freund erschien und ihn holte. Es war ein Samstagabend, draußen läuteten die Glocken den Sonntag ein und im Sterbezimmer breitete sich eine friedliche Stille aus. Ein feierlicher Moment. Der Bogen eines langen Lebens hatte sich geschlossen.

Ich weiß nicht, wo er jetzt ist, stelle mir aber vor, er sei im Himmel. Meinen Kinderglauben an einen Himmel habe ich längst verloren, das Bild aber ist geblieben. Ob nach dem Tod noch etwas kommt, weiß ich nicht, niemand weiß es. Mit den Vorstellungen von Auferstehung, Wiedergeburt und Seelenwanderung kann ich wenig anfangen. Das Bild vom Himmel gefällt mir trotzdem. Ich kann es betrachten, und wenn ich spüre, dass es in mir etwas zum Klingen bringt, weiß ich: Dieses Bild ist wahr. Nicht im wörtlichen, sondern im übertragenen Sinn. Das Bild vom Himmel sagt: Am Ende ist alles gut. Darauf vertraue ich, bei aller Skepsis, mit allen Fragen.

Nach dem Tod der Eltern (meine Mutter ist schon zehn Jahre früher gestorben) bin ich auf der Generationenleiter an die Spitze gerückt. Jetzt ist niemand mehr über mir, ich stehe zuoberst und weiß, der Nächste, der fallen wird, bin wahrscheinlich ich. Eine Vorstellung, die mich vorläufig nicht allzu sehr beunruhigt. Ist ja noch weit weg, denke ich und weiß zugleich, wie trügerisch das ist. Auch tröste ich mich mit dem Gedanken,

dass ich ja noch »jung« bin. Na ja, *relativ* jung, je nachdem, wie man es sieht.

Aber etwas unheimlich ist es schon, wie die Zeit so dahinrast. Seit dem Tod meines Vaters sind unterdessen bereits wieder einige Jahre vergangen und ich habe das Gefühl, das sei doch erst gestern gewesen. Die Uhren scheinen mit dem Älterwerden immer schneller zu gehen. Als Kind habe ich noch kaum über den Zeithorizont eines Tages hinausgeblickt, und eine Woche erschien mir wie eine halbe Ewigkeit. Aber jetzt fliegen die Tage, Wochen und Jahre nur so dahin. Eine einfache Rechnung mag diese gefühlte Beschleunigung erklären: Im Vergleich zur Lebenszeit, die hinter mir liegt, erscheinen die einzelnen Jahre immer kürzer. Für einen Zehnjährigen bedeutet ein Jahr einen Zehntel seiner Lebenszeit, für einen Siebzigjährigen dagegen nur noch einen Siebzigstel.

Vergangenheit und Gegenwart

Die Nacht war klar, als wir das Altersheim verließen, wo wir die letzten Stunden des Vaters miterlebt und uns von ihm verabschiedet hatten. Am Himmel funkelten ein paar Sterne. Ihr Licht war auf dem Weg zur Erde Jahrzehnte, Jahrhunderte oder gar Jahrtausende unterwegs und erreichte uns in diesem Augenblick, nach einem bewegten Tag auf dem Weg nach Hause. Aus tiefster Vergangenheit leuchtete es in unsere Gegenwart und bildete eine Brücke über Zeit und Raum. Der Gedanke an diese kosmische, endlos weite Dimension tat in dem Moment besonders gut.

Welche Bedeutung hat auf diesem Hintergrund die Aufteilung der Zeit in Vergangenheit, Gegenwart und Zukunft? Unser Hirn ordnet alle Ereignisse in dieser linearen zeitlichen Reihenfolge, was hilft, die Welt zu deuten und zu gestalten. Doch seit Einstein steht diese Unterteilung für die Wissenschaft in Frage. Gut möglich, dass wir da einer Täuschung unterliegen. Jedenfalls kann heute kein Wissenschaftler sagen, was Zeit eigentlich ist – und ob es sie überhaupt gibt.

Ausblick in die Ewigkeit

»Zeit ist das, was man an der Uhr abliest«, hat Einstein erklärt. Das ist mehr als ein lockerer Spruch. Denn die Uhren gehen im Universum überall anders. Das liegt nicht an den Uhren selber, sondern an der Tatsache, dass es *keine absolute Zeit* gibt, die überall gilt. Dies ist eine Kernaussage der Relativitätstheorie. Die Zeit vergeht umso langsamer, je schneller sich etwas bewegt. Auf der Erde ist dieser Effekt kaum messbar, im Universum aber schon. Bei den hohen Geschwindigkeiten, wie sie im All vorkommen, gehen die Uhren langsamer. Die Zeit wird gedehnt und steht bei der höchstmöglichen Geschwindigkeit, jener des Lichts, schließlich ganz still.[1]

Für das Licht gibt es keine Zeit. Für das Licht gibt es nur diesen Augenblick: Das *ewige Jetzt.* Man muss sich bewusst machen, was das heißt:

Angenommen, ein 96 Lichtjahre entfernter Stern schickt sein Licht bei der Geburt meines Vaters los, dann erreicht es uns an dessen Todestag. Von uns aus gesehen war dieses Licht 96 Jahre unterwegs und hat dabei eine riesige Strecke zurückgelegt. Anders für das Licht selber: Es kennt keine zeitliche und damit auch keine räumliche Distanz. Es ist gleichzeitig hier und dort, vereint Vergangenheit und Zukunft in der Gegenwart. Geburt und Tod finden in *demselben* Moment statt.

Liegt darin ein Trost? Vielleicht schon. Nach dem Tod eines nahen Kollegen schrieb Einstein an dessen Familie: »Nun ist er mir mit dem Abschied aus dieser sonderbaren Welt ein wenig vorausgegangen. Das bedeutet nichts. Für uns Physiker hat die Scheidung zwischen Vergangenheit, Gegenwart und Zukunft nur die Bedeutung einer, wenn auch hartnäckigen, Illusion.«[2] Jahrhunderte vor Einstein haben Menschen dies bereits geahnt; in den Zeugnissen der Mystik finden sich zahlreiche Aussagen zu diesem »ewigen Jetzt«. Unsere relative, vergängliche Existenz ist eingebettet in etwas Absolutes und Ewiges.

Eine endlose Bewegung

Ein paar Tage später sind wir mit dem Sarg vom Altersheim ins Krematorium gefahren. Im Untergeschoss war alles bereit, ein freundlicher Beamter erkundigte sich, ob auch wir bereit seien, drückte schweigend einen Knopf und der Sarg verschwand im Ofen. Nach ein paar Stunden blieb ein Häufchen Asche zurück, feinste materielle Spuren eines erloschenen Lebens.

Staub sind auch wir, die zurückbleiben und weiterleben: Sternenstaub. Die kleinsten Bausteine unseres Körpers, die Atome und Moleküle, stammen fast alle von den Sternen. Sie sind im Verlaufe der Jahrmilliarden durch unzählige Formen gewandert, haben Sterne und Planeten gebildet, die Sonne und die Erde geformt. Sie sind Bestandteile urzeitlicher Ozeane, Vulkane und Wälder gewesen und haben allem Leben seine Gestalt verliehen, von der ersten Bakterie über die Dinosaurier bis zum heutigen Menschen, bis zu Ihnen und zu mir. Und wenn wir einmal nicht mehr da sind, ziehen sie weiter, gehen neue Verbindungen ein, bilden neue Formen.

Wir sind Teil eines großen kosmischen Recyclings, eines andauernden Prozesses von Werden und Vergehen und Neuwerden. Teil einer endlosen Bewegung durch Zeit und Raum. Kleine Wellen in einem großen Strom: Jede Welle steigt für eine kurze Zeit auf, gewinnt ihre eigene, unverwechselbare Form und sinkt wieder zurück in den Strom, der unablässig weiterzieht.

Auf diesem Hintergrund erscheint die Frage, ob ich mit meinen Jahrzehnten vielleicht doch noch ein bisschen jung bin oder nicht, ziemlich unbedeutend. Nein, das spielt nun wirklich keine Rolle. Ich bin so alt, wie ich bin. Nicht so alt, wie ich mich fühle (die Ausflucht jener, die nicht alt sein können), sondern so alt wie ich nun einmal bin – Punkt. Und ich hoffe, dass dieser eigenartige »letzte Freund« mich vorläufig noch in Ruhe lässt, genieße meine Tage und versuche, das Beste aus ihnen zu machen. Ab und zu hilft dabei ein Blick zu den Sternen.

Lorenz Marti ist im Mai 2020 im Alter von 68 Jahren gestorben. Er war Schriftsteller, Radiojournalist und Redaktions-Redaktor beim Schweizer Kultursender SRF 2. Seine Sendungen erreichten eine außerordentlich große Zuhörerschaft. In seinen Büchern beschäftigte er sich mit philosophischen und religiösen Themen und wusste Brücken zu schlagen zwischen Naturwissenschaft, Lebenskunst und Spiritualität.

Literatur

Gribbin, J. (1987). Auf der Suche nach Schrödingers Katze. Quantenphysik und Wirklichkeit. München, Zürich.

Niemz, M. H. (2009). Lucys Vermächtnis. Der Schlüssel zur Ewigkeit. München.

Niemz, M. H. (2011). Bin ich, wenn ich nicht mehr bin? Ein Physiker entschlüsselt die Ewigkeit. Freiburg.

Anmerkungen

1 Den gleichen Effekt haben extrem große Massen: Im Gravitationsfeld eines Schwarzen Lochs gibt es ebenfalls keine Zeit mehr.

2 https://www.wissenschaft.de/umwelt-natur/gestern-und-morgen-sind-eins/

Der alte Großvater und der Enkel

Zur Altersethik in Grimms Märchen

Harm-Peer Zimmermann

Kein anderes unter Grimms Märchen bringt Fragen des Alters eindrucksvoller auf den Punkt als *Der alte Großvater und der Enkel* (KHM 78). Der Märchentext ist kurz und lautet in der Fassung von 1857, der Ausgabe letzter Hand:

Es war einmal ein steinalter Mann, dem waren die Augen trüb geworden, die Ohren taub, und die Knie zitterten ihm. Wenn er nun bei Tische saß und den Löffel kaum halten konnte, schüttete er Suppe auf das Tischtuch, und es floß ihm auch etwas wieder aus dem Mund. Sein Sohn und dessen Frau ekelten sich davor, und deswegen mußte sich der alte Großvater endlich hinter den Ofen in die Ecke setzen, und sie gaben ihm sein Essen in ein irdenes Schüsselchen und noch dazu nicht einmal satt; da sah er betrübt nach dem Tisch, und die Augen wurden ihm naß. Einmal auch konnten seine zitterigen Hände das Schüsselchen nicht fest halten, es fiel zur Erde und zerbrach. Die junge Frau schalt, er sagte aber nichts und seufzte nur. Da kaufte sie ihm ein hölzernes Schüsselchen für ein paar Heller, daraus mußte er nun essen. Wie sie da so sitzen, so trägt der kleine Enkel von vier Jahren auf der Erde kleine Brettlein zusammen. »Was machst du da?« fragte der Vater. »Ich mache ein Tröglein« antwortete das Kind, »daraus sollen Vater und Mutter essen, wenn ich groß bin.« Da sahen sich Mann und Frau eine Weile an, fiengen endlich an zu weinen, holten alsofort den alten Großvater an den Tisch und ließen ihn von nun an immer mit essen, sagten auch nichts, wenn er ein wenig verschüttete.

»Du sollst Vater und Mutter ehren«

Das Märchen geht auf eine protestantische Beispielgeschichte zurück, die »seit dem 16. Jahrhundert in den meisten Predigt- und Exempelkompilationen enthalten« war (Uther 2013, S. 174). Die religiöse Botschaft ist offensichtlich: Es geht um das Vierte Gebot, um Barmherzigkeit und Fürsorgepflicht gegenüber alten Eltern, alten Angehörigen und alten Menschen überhaupt. Das Märchen stellt von Anfang an klar: Wie diese jungen Leute mit ihrem alten Vater umgehen, das ist undankbar, grausam, widerwärtig. Allein, damit hat es nicht sein Bewenden. Dieses Märchen ist vielschichtiger; wir erleben ein veritables moralisches Drama. Was also steckt in diesem Märchen, wenn wir es aus moralphilosophischer Perspektive lesen?

Dann erkennen wir zunächst: So fremd, wie es auf den ersten Blick den Anschein hat, ist uns die Reaktion der jungen Leute keineswegs. Das Märchen packt sein Publikum bei dessen eigenen Empfindungen. Denn wer empfände nicht spontan Ekel, wenn einem alten Menschen der Sabber aus dem Mund läuft oder wenn er unter sich lässt und stinkt? Dieses Gefühl stellt sich reflexhaft ein, ist eine quasi natürliche Affektreaktion, die allerdings kulturelle Beweggründe hat: Nicht schmatzen, nicht sabbern, nicht in die Hose machen – so sind die Regeln des menschlichen Miteinanders, die wir in der Kindheit verinnerlicht haben. Deshalb können wir es als Erwachsene kaum ertragen, dergleichen bei alten (oder anderen) Menschen zu sehen (Elias 1939).

Die jungen Leute verkörpern keine Teufel in Menschengestalt, die ein radikal böses Herz hätten,

Leidfaden, Heft 1 / 2021, S. 61–65, © Vandenhoeck & Ruprecht GmbH & Co. KG, Göttingen, 2021, ISSN 2192-1202

sonst wären sie am Ende gar nicht zu einer moralischen Läuterung fähig. Ihre Unmoralität besteht in ihrem Unvermögen, eine Gefühlsreaktion, die unter anderen Umständen angebracht wäre, mit gegenläufigen Gefühlen zu neutralisieren – etwa mit dem Gefühl des Mitleids. Und diesem emotionalen Dilemma entspricht ein rationales: Es gelingt den jungen Leuten nicht, Sekundärtugenden (Benimm- und Sparsamkeitsregeln), die unter anderen Umständen durchaus angebracht wären, mit einer Primärtugenden zu kontern – etwa mit Güte und Barmherzigkeit. Man könnte auch von der »Banalität des Bösen« sprechen (Arendt 1963).

Das Märchen lehrt also zunächst, dass ganz normale Gefühlsreaktionen und Anstandsregeln böse Auswirkungen haben können, wenn sie nicht an die jeweiligen Erfordernisse des Alltagslebens (in diesem Fall: an diejenigen der Altenpflege) angepasst werden. Den alten Vater kaum mit dem Nötigsten abzuspeisen, ist hier die Folge von Verhaltensmustern, die die jungen Leute von klein auf (wer sonst als der Vater, der nun darunter leidet, hätte sie ihnen beigebracht?) gelernt haben und die den habituellen und ökonomischen Prinzipien ihres Standes entsprechen. Erst infolge dieser soziokulturellen Prägungen erscheint der Großvater als nutzloser Esser, von dem sich die jungen Leute offenbar nur eines wünschen: Besser, er wäre tot.

Moralische Wende

Damit sind wir am Nullpunkt der Moral angelangt, der zugleich den Wendepunkt der Geschichte bildet. Bemerkenswerterweise ist es ein Kind, das die Eltern zur Besinnung bringt und ihre moralische Läuterung herbeiführt. Die zweite Episode des Märchens beginnt damit, dass der vierjährige Enkel des alten Großvaters »auf der Erde kleine Bretter« zusammenträgt und Geschirr daraus schnitzt:

> *»Was machst du da?« fragte der Vater. »Ich mache ein Tröglein« antwortete das Kind, »daraus sollen Vater und Mutter essen, wenn ich groß bin.« Da sahen sich Mann und Frau eine Weile an, fiengen endlich an zu weinen, holten alsofort den alten Großvater an den Tisch und ließen ihn von nun an immer mit essen, sagten auch nichts, wenn er ein wenig verschüttete.*

Das Kind hält den Eltern den Spiegel vor: Der da hinter dem Ofen sitzt, das bist du! Im Spiegel des kindlich nachahmenden Spiels empfinden und erkennen die Eltern das schlechte Vorbild, das sie abgeben, ihr eigenes Zerrbild: die Fratze der Unmenschlichkeit. Dort sehen sie, wie es ihnen selbst ergehen wird; sie sind gleichsam von sich selbst betroffen. Dabei ist es gerade die Naivität des Spiels, nicht der erhobene Zeigefinger, der den heilsamen Schock auslöst. Nicht emotional erregt oder moralisch aufbrausend reagiert das Kind, sondern es führt schlicht und einfach vor, was geschehen würde, wenn das Verhalten der Eltern gegenüber dem alten Großvater zur generationellen Richtschnur des Handelns erhoben würde. Man könnte beinahe sagen: Die Banalität des Guten ist es, die hier die »Banalität des Bösen« unterbricht.

Der ersten Episode entsprechend sind wiederum zwei Seiten der Menschlichkeit berührt: die Gefühlsebene und die Verstandesebene. Schlagartig überwinden die Eltern ihre Engherzigkeit – ihr Herz geht auf. Was dort verschlossen war, bricht ebenso unwillkürlich hervor wie zuvor der Ekel: Es ist das Mitgefühl, das sich unter Tränen löst. Und in demselben Moment überwinden die Eltern ihre Engstirnigkeit – ihr Gewissen rührt sich. Verwundert schauen sich Frau und Mann an, und es fällt ihnen wie Schuppen von den Augen: Wie konnten wir es so weit kommen lassen? Was für ein Armutszeugnis!

Aber damit nicht genug, unser Märchen gibt außerdem Antworten auf die Frage, wie eine solche Läuterung überhaupt denkbar ist. Moralphilosophisch betrachtet, handelt es sich um eine Antwort, die typisch ist für die Ethik und »Empfindsamkeit« des 18. Jahrhunderts. Sie findet sich

pasaro / Shutterstock.com

m.schröer

richtungsweisend vorgetragen von Jean-Jacques Rousseau. Im »Diskurs über die Ungleichheit« (1755) hatte Rousseau erklärt, man könne problematische Leidenschaften nur in Schach halten, indem man andere Leidenschaften gegen sie aufbiete. Wobei er zwei große, ja alles entscheidende Leidenschaften als ur- und naturwüchsige Widersacher aufführt: Selbstsucht und Mitleid.

Selbstsüchtig handeln Menschen, wenn sie einseitig (wie unsere Protagonisten eingangs) auf den eigenen Vorteil bedacht sind. Solcher Egoismus gefährdet das soziale Zusammenleben und das Gemeinwohl, und ihn zu bändigen aber eignet Menschen eine elementare Macht und Möglichkeit: das Mitleid. Es rührt sich, indem es »uns einen natürlichen Widerwillen einflößt, irgendein empfindendes Wesen, und hauptsächlich unsere Mitmenschen, leiden zu sehen« (Rousseau 1755/1997, S. 57). Als Beispiel wählt Rousseau eine Konstellation, die mit unserem Märchen weitgehend übereinstimmt: Das Mitleid wird, sobald es anschlägt, jeden »davon abhalten, einem schwachen Kind oder einem gebrechlichen Greis seinen mühsam erworbenen Lebensunterhalt wegzunehmen« (S. 151).

Das Problem ist nur, so Rousseau, dass diese natürliche Empfindsamkeit durch zivilisatorische Konventionen, wie sie auch unser Märchen veranschaulicht (Tischsitten, antrainierte Affektreaktionen), geschwächt, wenn nicht ausgeschaltet wird. In unserer Kultur vermögen deshalb zuallererst Kinder aus offenem Herzen zu sprechen und dem Mitleid unverstellten Ausdruck zu verschaffen. Ganz im Sinne Rousseaus also lässt unser Märchen ein Kind die Wende zum Guten herbeiführen. Allerdings tut es das nicht, indem es den Eltern etwas vorheult, sondern indem es die Szene der Grausamkeit ganz naiv nachstellt. Unser Märchen gibt also auch darüber Auskunft, wie Mitleid am besten zur Geltung kommen kann.

Das Mitleid bricht sich im Modus der Plötzlichkeit Bahn. Indem das Kind mit seinem naiven Spiel unmittelbar ans Herz greift, löst es eine Betroffenheit aus, die zunächst als Selbstmitleid erscheint. Sich aber selbst prospektiv als leidende Kreatur zu sehen, öffnet den Blick dafür, auch den Nächsten wie sich selbst anzusehen, sein Leid zu empfinden wie das eigene. Aber noch mehr geschieht in diesem Moment: Unter den Stößen des Mitleids erwacht das Gewissen. Wie ein Blitz der Erkenntnis durchfährt es unsere Protagonisten und ruft sie zur Verantwortung für den alten Großvater. Was da erwacht und sich dauerhaft auswirkt, ist nichts anderes als das Gebot der Nächstenliebe, das Sittengesetz in seiner neutestamentarischen Fassung: »Tue anderen, wie du willst, daß man dir tue« (Matthäus 7,12, zitiert nach Rousseau 1755/1997, S. 151).

Christliche Ethik

Das Märchen ist also eine Exempelgeschichte, die auf eine zutiefst christliche Botschaft hinausläuft. Darüber hinaus aber sollte ein entscheidender moralphilosophischer Punkt nicht übersehen werden, nämlich dass hier letztlich dem Mitleid der Vorrang vor einer Gesetzes- und Gebotsethik eingeräumt wird. Das Mitleid ist die fundamentale Gefühlsregung gegen das Elend der Welt, lehrt Rousseau. In ihm »allein« (und nicht in einer »durch Vernunft erschlossenen Gerechtigkeit«) liege die allen Menschen eigene »natürliche Güte« beschlossen (Rousseau 1755/1997, S. 151). Das Mitleid bildet hier nicht nur eine »Stütze der Vernunft« (wie bei Immanuel Kant 1785/1983, S. 51), sondern es ist die Triebfeder, die der Vernunft überhaupt erst die Maximen der Güte und Gerechtigkeit eingibt. Die Ethik, die die Brüder Grimm mit diesem Märchen für die Kinderliteratur beerbt haben, besagt, dass durch das Mitleid »allein sich alle gesellschaftlichen Tugenden ergeben«, darunter die größten und wertvollsten: »die Großmut, die Milde, die Menschlichkeit« (Rousseau 1755/1997, S. 147).

Zugleich handelt es sich um ein Lehrstück über die »Banalität des Bösen«, wie sie aus alltäglicher Verkümmerung einer simplen menschlichen Möglichkeit resultiert: der emotionalen und rationalen Perspektivenverschränkung. Sich in eine leidende Kreatur hineinversetzen zu können, das ist der Dreh- und Angelpunkt, um die banale Ignoranz und Gefühlskälte auszuhebeln. Mitfühlen und Mitdenken, so zeigt dieses Märchen, sind die Beweggründe moralischer Läuterung. Engherzigkeit schlägt um in Barmherzigkeit und Großherzigkeit, Engstirnigkeit in Güte und Großmut. Das Herz geht auf, das Gewissen erwacht; und sie holten »alsofort den alten Großvater an den Tisch und ließen ihn von nun an immer mit essen, sagten auch nichts, wenn er ein wenig verschüttete«.

Prof. Dr. **Harm-Peer Zimmermann** ist Ordinarius für Populäre Literaturen und Medien am Institut für Sozialanthropologie und Empirische Kulturwissenschaft der Universität Zürich. Seine Forschungsschwerpunkte sind Erzählforschung (Brüder Grimm) und klassische Erzählformen (Mythen, Märchen, Sagen), kulturwissenschaftliche Alters- und Demenzforschung, narrative Gerontologie.

Kontakt: harm-peer.zimmermann@uzh.ch

Literatur

Arendt, H. (1963/2011). Eichmann in Jerusalem. Ein Bericht von der Banalität des Bösen. Mit einem einleitenden Essay und einem Nachwort zur aktuellen Ausgabe von H. Mommsen. München, Zürich.

Elias, N. (1939/1959). Über den Prozess der Zivilisation. 2 Bände. Basel.

Kant, I. (1785/1983). Grundlegung zur Metaphysik der Sitten. In: Werke in sechs Bänden, Bd. 4 (S. 11–102). Hrsg. von W. Weischedel. 4. Auflage. Darmstadt.

Lüthi, M. (1984). Artikel »Ethik«. In: Brednich, R. W. u. a. (Hrsg.): Enzyklopädie des Märchens 4 (Sp. 499–508). Berlin.

Rousseau, J.-J. (1755/1997). Über den Ursprung der Ungleichheit unter den Menschen. Discours sur l'inégalité. Kritische Ausgabe des integralen Textes. Hrsg. von H. Meier. Paderborn u. a.

Uther, J. (2013). Handbuch zu den »Kinder- und Hausmärchen« der Brüder Grimm. Entstehung – Wirkung – Interpretation. 2. Auflage. Berlin, Boston.

Zimmermann, H.-P. (2006). Artikel »Sentimentalität«. In: Brednich, R. W. u. a. (Hrsg.): Enzyklopädie des Märchens 12. Lieferung 2 (S. 578–586). Berlin.

Schau her – was ich aus meinem Leben erzählen und zeigen möchte!

Daniel Gowitzke und Elke Pracejus

Eine Sanduhr misst die Zeit. Dabei können wir beobachten, wie der Sand vom oberen Gefäß in das untere rieselt. Irgendwann ist jede Sanduhr abgelaufen. Wir alle haben uns wahrscheinlich schon einmal gefragt, wie viel Sand, wie viel Lebenszeit uns noch bleibt. Darauf haben wir keinen Einfluss – wohl aber darauf, wie bewusst wir unser Leben leben. Denn der durchgerieselte Sand ist nicht verloren, ebenso wenig wie unsere Vergangenheit, die zu uns gehört.

Das Bild der Sanduhr als Metapher für die Lebenszeit wird häufig verwendet in Seminaren zur Lebensbegleitung in der Zeit des Sterbens. Dort hat auch Christian sich zum ersten Mal mit seiner eigenen Endlichkeit auseinandergesetzt – und mit der Sterblichkeit seiner Mutter Luise. Immer wieder denkt er im Seminar an sie und stellt sich die Frage: Habe ich das Leben meiner Mutter eigentlich ausreichend gewürdigt? Und: Habe ich ihr genug zugehört?

Christian entscheidet sich nach dem Seminar dazu, die Zeit, die bleibt, zu nutzen, um die Erinnerungen seiner Mutter zu würdigen. Er möchte sie festhalten in Form eines biografischen Films. Online entdeckt er die Filmagentur »Vergissmeinnicht«. Sie bietet biografische Filme für Menschen an, die ihre ganz persönliche Geschichte erzählen und bewahren möchten.

Ein ganzes Leben in einem Film?

Es folgt ein Kennenlerngespräch mit uns beiden Gründern der Agentur. Beide befassen sich intensiv mit der Frage, welche Bedeutung ein Lebensrückblick in Form eines Films für das eigene Leben haben kann. Daniel Gowitzke ist Filmemacher und TV-Journalist. »*Unser Ansatz ist, dass wir die Erinnerungen der Menschen nicht schriftlich festhalten, sondern in Form eines Filmes. Das hat den ganz wichtigen Effekt, dass die Familie auch Jahrzehnte später nicht nur sehen kann, wie die Großmutter empfunden und gedacht hat, wie sie selbst auf ihr eigenes Leben zurückblickt, sondern, dass sie auch sehen kann, wie der Mensch sich bewegt hat, wie die so vertraute Gestik und Mimik des Menschen war, wie seine Stimme geklungen hat oder wie er gelacht hat.*«

Elke Pracejus arbeitet als Gestalttherapeutin, Trauerbegleiterin und Referentin für Hospizarbeit. Sie ist es auch, die Luise im Vorfeld des Drehtages intensiv begleitet und gemeinsam mit ihr die wichtigsten Stationen ihres Lebens reflektiert. Sie spricht mit ihr darüber, was ihr im Leben wichtig war und welche Werte sie an nachfolgende Generationen weitergeben möchte. Mit einem würdezentrierten Blick unterstützt sie Menschen, durch Erzählen persönlich Sinnhaftes zu erkennen und zu verankern. »*Den Sinn des Lebens können wir nicht finden, wohl aber den Sinn für das Eigene*«, sagt sie.

Luise freut sich über das Filmprojekt, das ihr Sohn angestoßen hat. Sie beschäftigt sich innerlich ohnehin schon lange mit ihren Wurzeln und der Frage: Wie bin ich zu dem Menschen geworden, der ich heute bin?

Heute, am Drehtag selbst, ist die 84-Jährige freudig aufgeregt. Sie hat sich genau überlegt, welche Kleidung sie tragen möchte – und dass auch ihr Ehering in Großaufnahme zu sehen sein soll. Mit dem Kameramann möchte sie einige Orte ihres Lebens besuchen: den elterlichen Hof, auf dem sie aufgewachsen ist, die kleine Kirche, in

Leidfaden, Heft 1 / 2021, S. 66–69, © Vandenhoeck & Ruprecht GmbH & Co. KG, Göttingen, 2021, ISSN 2192-1202

Ckle/photocase.de

der sie getauft wurde – und auch das Grab ihres Mannes.

Und dann läuft die Kamera. Auf ihrem Schoß hält Luise eine Kiste mit alten Briefen und Fotos. Behutsam blättert sie durch die papiernen Erinnerungen ihres Lebens, dann lächelt sie. In der Hand hält sie eine Glückwunschkarte, die ihr Ehemann ihr vor über sechzig Jahren geschenkt hat. Und dann sprudeln die Erinnerungen aus ihr heraus: *»Mein Leo, das war so ein liebevoller Mensch, immer wieder hat er mir kleine Briefchen geschrieben.«* Sie erzählt von den ersten vorsichtigen Stunden des Kennenlernens, vom ersten Tanz, vom ersten Kuss. Sie erzählt von einer Liebe in der Nachkriegszeit – von Sehnsucht, Zärtlichkeit und Zweifeln. Und sie erzählt von dem gemeinsamen Leben, dass sich die beiden mit viel Mühe aufgebaut haben. Vor zwölf Jahren ist Leo gestorben, nach fast fünfzigjähriger glücklicher Ehe.

Biografiearbeit kann heilsam sein

In der Kiste mit den alten Dokumenten ist auch ein Umschlag, den Luise seit über fünfzig Jahren aufbewahrt hat: »Feldpost von Vater«, steht handschriftlich darauf. Gelesen hat sie die Briefe ihres Vaters nie, zu groß war ihr Schmerz. Sechs Jahre alt war Luise, als ihr Vater eingezogen wurde. Es kamen viele Briefe, der letzte kurz vor Kriegsende. Nur ihr Vater kam nicht mehr heim. Aber: Über Gefühle und das Seelenleben wurde in Luises Kindheit nicht gesprochen – stattdessen prägten Disziplin und Struktur ihren Alltag.

Luise erzählt im Interview von ihrer fleißigen Mutter, die alles für sie und ihre zwei Schwestern getan hat. *»Wir hatten einen großen Garten und meine Mutter konnte aus allem etwas zubereiten. Hunger leiden mussten wir nicht, auch im Krieg nicht. Eigentlich hatten wir es gut und Mutter* *hat alles gegeben, was sie uns geben konnte. Schau nach vorn! Sei fleißig und vergiss alles!«* Das waren prägende Leitsätze in Luises Kindheit. Es ging mehr ums Überleben als ums Leben. Luise übernahm früh Verantwortung und versuchte immer, die Gefühle im Zusammenhang mit dem Verlust ihres Vaters zu unterdrücken.

Heute, am Drehtag, merkt Luise, dass ihr das Erzählen guttut. Auch ihr Sohn Christian hört zu. Bislang hatte sie das Gefühl, dass er nichts vom persönlichen Erleben des Krieges hören wollte. *»Auch ohne Worte habe ich viel von Mutters Schwere mitbekommen«*, sagt er. Jetzt ist er tief berührt und dankbar für die Offenheit seiner Mutter, ohne die er nie erfahren hätte, wie es in ihrer so lange verschwiegenen Welt aussieht.

Luise hält die Feldpost ihres Vaters in der Hand. Im Vorgespräch konnte sie den Inhalt der Briefe nicht lesen. Sie sind in Sütterlinschrift geschrieben, die dünnen Bleistiftbuchstaben sind kaum erkennbar. Für den Drehtag hat die Agentur »Vergissmeinnicht« die alten Briefe transkribieren lassen, nun erfährt Luise zum ersten Mal, wie es ihrem Vater an der Front ergangen ist. Christian ist nah bei seiner Mutter, als sie vom Inhalt der Briefe erfährt. *»Was du erlebt hast, war so schwer«*, sagt er zu seiner Mutter. Tränen fließen. Luises Vater wird spürbar – nach über 75 Jahren. Christian bekommt ein Gespür für seinen Großvater und Luise kann sich von ihrem Vater verabschieden. Es ist das erste Mal, dass Mutter und Sohn zusammen weinen können.

Dann erzählt Luise davon, was ihr Freude gemacht hat in ihrer Kindheit. Sie erinnert sich an ihre Puppenstube, ihre Schulzeit, ihre Freundinnen. Dabei zeigt sie Fotos in die Kamera. Luise war eine wunderschöne junge Frau, mit langen dunkelbraunen Haaren. An ihrem 16. Geburtstag durfte sie sich ihre Haare abschneiden, die sie zuvor immer als Zöpfe tragen musste. Die

abgeschnittenen Zöpfe hat sie all die Jahre aufbewahrt.

Neben den materiellen Dingen kommt Luise schon früh in Kontakt mit Werten, die ihr wichtig sind. Sie erzählt von ihrem Glauben als Ressource, aus der sie auch heute noch Kraft schöpft. Gern möchte sie davon etwas an ihre Kinder und Enkelkinder weitergeben. »*Vielleicht bleibt mit diesem Film etwas von meinem Wesen in der Welt und stärkt meine Nachfahren. Das ist ein schöner Gedanke*«, sagt Luise mit einem innigen Lächeln. Ich (Elke Pracejus) bestärke sie in dem Wunsch. Denn lernpsychologisch betrachtet lassen sich Werte nicht einfach so weitergeben wie ein Gegenstand. Vielmehr werden sie zwischen den Zeilen weitergegeben. Insbesondere biografische Erzählungen sind oft Entscheidungsgeschichten. Menschen erzählen von Herausforderungen und den Weggabelungen. Und erst in diesen Entscheidungen treten die jeweiligen persönlichen Werte zu Tage. Sie können Orientierung für andere Menschen sein (vgl. Klingenberger und Ramsauer 2017)

Wenn das Leben, wie bei Luise, zu seinem größten Teil vorbei ist, kann es entlastend sein, Rückschau zu halten, zu erinnern und von dem zu erzählen, was im eigenen Leben bedeutsam war. Aus vielen kleinen Geschichten entsteht so die Lebensgeschichte, deren roter Faden die oder der Erzählende webt. »Vergissmeinnicht« unterstützt Menschen dabei, im Tagebuch ihres Herzens zu blättern. Dabei erleben sie oft, dass Menschen immer dann in ihrer Würde erstrahlen, wenn sie von ihrem Leben erzählen. Aus den unwiederbringlichen Erinnerungen wird dann ein individueller und wertschätzender Lebensfilm entwickelt. Ein Erbe, welches über Materielles hinausgeht.

Für die beiden Filmemacher waren es berührende Tage mit Luise voller Recherchegespräche, dem Blättern in alten Fotoalben, einem Drehtag mit Spaziergängen durch die Orte, die ihr Leben reicher gemacht haben, vielen Interviews und mehreren Tagen am Schnittplatz. Das Ergebnis: ein 46 Minuten langer Film, ein Leben in einer Nussschale. Oder eben zeitgemäßer: ein Leben auf einem USB-Stick.

Immer wieder hat Luise sich den Film ihrs Lebens seitdem angeschaut. Meistens gemeinsam mit Christian. Manchmal mit Nachbarinnen und Freunden. »*Und ein paarmal auch ganz alleine für mich*«, erzählt sie und lächelt stolz. Eigentlich ist Luise ein sehr genügsamer Mensch, so ist sie erzogen worden. Stolz ist sie höchstens auf ihre Familie, sagt sie. Aber die Arbeit an dem Film ihres Lebens war für sie auch heilsam: »*Das war emotional für mich. So über das eigene Leben zu erzählen, das geht ganz gut. Aber dann wollte ich gerne meinen Sohn und meine Enkelkinder ganz persönlich ansprechen – ihnen meinen Segen für ihr Leben geben. Das war schon berührend für mich. Aber was gibt es Schöneres, als sich mit dem eigenen Leben so intensiv auseinanderzusetzen?*«

Die Filmagentur »Vergissmeinnicht« bietet professionelle und einfühlsame Unterstützung beim Rückblick auf das eigene Leben und hält das Ergebnis in einem Film fest.

Daniel M. Gowitzke ist Autor, Filmemacher und TV-Journalist aus dem Kölner Agnesviertel. Er befasst sich in seinen Beiträgen mit dem Werden und Vergehen und dem Festhalten von Erinnerungen.

Kontakt: info@vmn-online.de

Elke Pracejus ist Gestalttherapeutin in eigener Praxis, Trauerbegleiterin, Kursleiterin Palliative Care und Referentin für Hospizarbeit. Sie unterstützt Menschen, Lebensrückschau zu halten, Vergangenes zu würdigen, persönlich Sinnhaftes zu erkennen und sie für ihren weiteren Lebensweg zu stärken.

Kontakt: info@vmn-online.de

Literatur

Klingenberger, H.; Ramsauer, E. (2017). Biografiearbeit als Schatzsuche. Grundlagen und Methoden. Für Erwachsenenbildung und Beratung. München.

Wolynn, M. (2017). Dieser Schmerz ist nicht meiner. Wie wir uns mit dem seelischen Erbe unserer Familie aussöhnen. München.

Grabzeichen – Lebenszeichen

Bestattungswünsche als Thema der Seelsorge und psychosozialen Begleitung älterer Menschen

Antje Mickan

Gräber erinnern an den Tod. Sie sind Orte für Trauernde, aber ebenso Zeichen gelebter personaler und sozialer Identität. Ihre Verweiskraft kann bis zur Namenlosigkeit reduziert sein, sich also lediglich auf die Menschlichkeit der hier Bestatteten beziehen. Mitunter erzählen Gräber jedoch eigene Geschichten und bilden zusammen als Friedhof einen Ausschnitt der Lokalgeschichte ab. Selbst zu bedenken wie auch selbst zu entscheiden, wo und wie die eigene Existenz hier nach dem Tod einmal repräsentiert sein wird, ist heute eine gesellschaftlich weithin anerkannte Option. Diese seit Ende des 20. Jahrhunderts gewachsene individuelle Freiheit bringt sowohl neue Chancen als auch Herausforderungen mit sich, was in der Seelsorge mit Älteren neu als Gegenstand und mögliche Aufgabe wahrgenommen werden sollte.

Mein Betrag kann als Plädoyer für die Beachtung dieses neuen Potenzials gelesen werden. Er beginnt mit einem Blick auf den soziokulturellen Kontext und greift insgesamt auf Ergebnisse einer praktisch-theologischen Forschungsarbeit zurück, in deren Zentrum qualitative Interviews mit über-siebzigjährigen Personen sowie ihre Wünsche für die eigene Bestattung standen (Mickan 2015).

Altern und Bestattungskultur heute

Die Lebensweisen in Deutschland sind vielfältig geworden. Auch der sich seit den 1970er Jahren vollziehende Altersstrukturwandel ging mit einer gewachsenen Zahl unterschiedlicher Lebenslagen, Lebensstile und Lebenssinnentwürfe älterer Menschen einher. Neben ehemals leitende Vorstellungen vom Alter als einer Zeit des Abschiednehmens vor dem Sterben sind Aktivität betonende Altersbilder getreten, die von Selbstverantwortung, Selbstorganisation bis hin zur Selbsterfindung als Aufgaben des Alters ausgehen (Göckenjan 2000).

Gleichzeitig hat eine Liberalisierung der Bestattungsgesetze und Friedhofsordnungen zu einem weit gefächerten Grabartenangebot geführt. Dazu gehören insbesondere sich hinsichtlich der notwendigen Grabpflege bzw. des optionalen Anbringens von Grabschmuck sowie der Vergemeinschaftung in Gräbern unterscheidende Angebote. Auch der Trend zur Feuerbestattung brachte größere Flexibilität im Umgang mit den leiblichen Überresten Verstorbener. Waldbestattungen, Seebestattungen, Urnenhäuser (Kolumbarien), Verstreuungen der Asche oder Diamantpressung wurden so realisierbar. Damit besteht heute die grundsätzliche Möglichkeit, individuell geführtes Leben nach dessen Ende mit einer individuellen Bestattungsform zu würdigen.

Und da hierzulande seit Jahrzehnten im Mittel nicht nur stetig länger gelebt, sondern zugleich gesünder gealtert wird, der Bildungsstand von Seniorinnen und Senioren gestiegen ist und der Anteil der finanziell Bessergestellten unter ihnen heute besonders groß ist, spricht vieles dafür, dass eine wachsende Zahl Älterer sich mit Bedacht um Fragen zu einer zukünftigen Erinnerungsstätte ihrer selbst für die Nachwelt kümmern kann. Diesen Trend nimmt beispielsweise die Lübecker Stiftung »Die Eiche« auf und hat mit der Einrich-

Leidfaden, Heft 1 / 2021, S. 70–73, © Vandenhoeck & Ruprecht GmbH & Co. KG, Göttingen, 2021, ISSN 2192-1202

tung eines Kolumbariums in einem alten, repräsentativen Kornspeicher begonnen. Mittels künstlerischer Gestaltung sollen hier die Urnen der Verstorbenen im Arrangement einer »Ich-Ausstellung« gezeigt werden (Angern und Klie 2020). Es wird mit dieser unternehmerischen Initiative aber auch das soziale Anliegen verfolgt, die Toten und die Auseinandersetzung mit menschlicher Endlichkeit in die Stadt, Wohn- und Geschäftsgegend zurückzuholen. Denn nur allzu oft sieht soziale Wirklichkeit anders aus als die gerade geschilderten Wege individueller Würdigung: Verstorbene Menschen verschwinden stattdessen ohne Wort, Gesang und wieder auffindbares Grab aus der Gesellschaft. Teils geschieht dies aufgrund einer selbst erteilten Verfügung, teils aufgrund fehlender Angehöriger am Lebensende oder auch weil in ihren Familien Friedhofsbesuche schlicht unüblich sind.

Das hohe Alter, in dem bis heute Defiziterfahrungen sowie ein Angewiesensein auf die Unterstützung durch Jüngere Normalität bedeuten, hat ebenso wie das Sterben und Bestattetwerden zumeist seine eigenen, abgesonderten Orte. Daher ist es heute insbesondere in Städten relativ leicht möglich, dass selbst Über-Dreißigjährige noch niemals persönlich einen Friedhof betreten oder gar einen Sterbefall erlebt haben. Die ohnehin große Herausforderung, bei unerwartet eintretendem Todesfall in der Familie weitreichende, angemessene Entscheidungen zu treffen, kann dann zur Überforderung werden, gerade wenn noch nichts in Bezug auf eine Trauerfeier oder Grabart besprochen wurde. Andererseits wird der Abschied von den eigenen Eltern und Großeltern oft lang sowie deren Pflege anstrengend und kostenaufwendig. Für einen schönen Grabstein ist so am Ende mitunter schlicht kein Geld mehr verfügbar. Ein Austausch zwischen den Familiengenerationen zur Bestattungsfrage ist somit wünschenswert, aber oft von ambivalenten Vorstellungen und Gefühlen bestimmt, was zu Vermeidungen führt. Das Gespräch mit einer unabhängigen Seelsorgeperson kann angesichts einer solchen Situation für die innerfamiliale Unterredung zur Bestattungsfrage eine gute Vorbereitung darstellen, für Ältere selbst darüber hinaus zugleich auch Raum für einen besonderen Blick auf das eigene Leben bieten.

Verdichtung von Lebensgeschichte und Lebenssinn

Wer an sein eigenes Grab denkt, hat unwillkürlich die Menschen im Blick, die dort einmal stehen könnten – oder auch sicher nicht stehen werden. Wer mag das sein? Wer würde das Grab pflegen wollen und würde das mit der Grabpflege über Jahre gelingen? Was soll mein Grab der Öffentlichkeit von mir zeigen? Will ich überhaupt noch als Grab präsent sein oder lieber einfach verschwinden? Und in wessen Gesellschaft will ich mich als verstorbener Mensch befinden? Gleichzeitig mit diesen unvermeidlich aufsteigenden, existenziell bedeutsamen Fragen rückt die Gewissheit des eigenen Todes ins Bewusstsein. Der Umgang mit dem Leichnam ist zu bedenken. Fast durchgängig sprechen die Probandinnen und Probanden meiner Interviewreihe hier in der Ich-Form. Es ist der eigene Leib, um den es geht, der quasi unversehrt in die Erde gebettet oder zu Asche verbrannt werden soll. »Wenn *ich* in der Erde liege …« oder »wenn *ich* [als Asche] durch die Luft fliege …«. Ohne sich ein Bild vom eigenen Tod zu vergegenwärtigen, kann eine diesbezügliche Entscheidung kaum getroffen werden. Der Zumutungscharakter der Frage »Haben Sie schon einmal an Ihre eigene Bestattung gedacht?«, zumal an eine ältere Person gerichtet, ist damit derart hoch, dass zu Beginn meiner Untersuchung keinesfalls sicher war, dass die geplante Interviewführung realisierbar und eine solche Konfrontation ethisch vertretbar wäre. Es stellte sich jedoch bald heraus, dass das Angebot, mit einer als neutral eingeschätzten Person über Wünsche für die eigene Bestattung sprechen zu können, bei nicht wenigen Älteren einem Bedarf entspricht. Dennoch zeigte sich die Thematik für Ältere zugleich als brisant und ein sensibler Umgang damit als unbedingt notwendig.

Alle Teilnehmenden der Interviewreihe hatten sich bereits zuvor gedanklich mit ihrer eigenen Bestattung auseinandergesetzt. Sie erzählten mit großer Offenheit über ihr Leben, über Vorstellungen oder Planungen zur Trauerfeier und zum Grab für das eigene verstorbene Ich, wobei sie einzelne Erzählfäden und die Erzähltiefe selbst bestimmten. In überraschender Deutlichkeit verdichteten sie dabei Erfahrungen von Sozialität, Selbstbilder sowie Lebenssinnkonzepte zu zeichenhaften Ausdrucksmöglichkeiten im Zusammenhang mit ihrer Bestattung und zogen Reflexionen zur Bedeutung des Todes – mal spontan, mal auf Nachfrage – in ihre Überlegungen ein.

Die Interviewanalyse zeigte, dass aus der subjektiven Sicht eines alten Menschen sowohl die Erdbestattung im Familiengrab als auch die anonyme Rasenbestattung oder die Ascheverstreuung auf einer dafür ausgewiesenen Friedhofswiese als Sinnbild der eigenen Lebenshaltung, der Liebe oder einer wie auch immer gearteten Hoffnung verstanden werden können. Gerade der spielerische, einem freien – umsetzbaren oder auch gut zu verwerfenden – Entwurf entsprechende Charakter der geäußerten Vorstellungen zur eigenen Bestattung ermöglichte es, über bestimmte Aspekte ein erstes Mal nachzudenken oder gar zu sprechen und bleibende Handlungsmöglichkeiten zu erwägen. Bei den Gesprächen konnte teils eine Art antizipierter Rollentausch mit den trauernden Angehörigen praktiziert werden, so dass die aktuelle Beziehung zu ihnen auf neue Weise wahrgenommen wurde. Es konnte über eigene akute oder vergangene Trauer gesprochen, Glaubensfragen konnten vorgebracht und Fantasien über ein Leben nach dem Tod erzählt werden. So schlossen sich an die Interviewaufnahmen teils längere seelsorgliche Nachgespräche an, in denen nun auch Trost und Würdigung möglich waren.

Dr. theol. **Antje Mickan** ist Supervisorin, Psychodramaleiterin und wissenschaftliche Lehrbeauftrage am Lehrstuhl für Praktische Theologie der Universität Rostock. Sie ist ordentliches Mitglied der Deutschen Gesellschaft für Pastoralpsychologie und forscht derzeit zu Erinnerungskultur zwischen Kunst und Religion.

Kontakt: antje.mickan@erinnerungsfarben.de
Website: www.erinnerungsfarben.de

Hans Braymeier / Pixabay

Literatur

Benkel, T.; Meitzler, M. (2016). GAME OVER. Neue ungewöhnliche Grabsteine. Köln.

Göckenjan, G. (2000). Das Alter würdigen. Altersbilder und Bedeutungswandel des Alterns. Frankfurt a. M.

Happe, B. (2012). Der Tod gehört mir. Die Vielfalt der heutigen Bestattungskultur und ihre Ursprünge. Berlin.

Klie, T.; Sparre, S. (Hrsg.) (2017). Erinnerungslandschaften. Friedhöfe als kulturelles Gedächtnis. Stuttgart.

Michael, A.; Klie, T. (Hrsg.) (2020). Wunderkammern des Lebens. Das Kolumbarium DIE EICHE wird zum Erinnerungsort für eine neue Abschiedskultur. Lübeck.

Mickan, A. (2015). »… wenn ich irgendwo so'n Steinchen da hätte mit Namen«. Bestattungswünsche älterer Menschen. Eine praktisch-theologische Untersuchung zu Altern, Sepulkralkultur und Seelsorge. Berlin.

James Gillray, A corner, near the bank; – or – an example for fathers, 1797

Geschlechtliche Beziehungen im Alter waren schon vor Jahrhunderten ein bildwürdiges Thema: Um 1500 zeigen zahlreiche Federzeichnungen das Motiv eines Liebespaares, das durch die Darstellung beispielsweise eines jungen Mädchens mit einem alten Greis oder eines ansehnlichen jungen Mannes mit einer Greisin allerdings eine völlig andere Bewertung erhält. Denn das im Ursprung antike Thema zielt auf die Lächerlichkeit dieser Verbindung, die auf zwei Lastern gründet: auf Wollust einerseits und auf Geldgier andererseits. Dies wird insbesondere durch Blicke, Gesten und einen Geldbeutel, den der oder die verliebte Alte dem jeweils jüngeren Part darbietet, veranschaulicht. Die Lächerlichkeit – aber auch die Aktualität des Themas – wird im 18. Jahrhundert verstärkt in englischen Karikaturen aufgegriffen. Die unangemessen erscheinende Verhaltensweise wird dabei dem Genre entsprechend grotesk aufs Korn genommen. So sind es hier primär Themen wie der Verlust der Schönheit und der Attraktivität, der Verlust der sexuellen Potenz oder auch die Flucht in andere Genüsse als Ersatz für nicht mehr vorhandene Liebhaber, die gern umgesetzt werden.

Dies findet seinen Ausdruck beispielsweise in einer Karikatur von James Gillray aus dem Jahr 1797: Zwei fein herausgeputzte Damen spazieren Arm in Arm den Bürgersteig entlang. Sie wenden sich um, denn ihnen folgt ein lüstern blickender, gebückt an einem Stock gehender alter Mann. Der zeitgenössische Betrachter erkannte in dem alten Mann sofort einen als Schwerenöter stadtbekannten Bankangestellten, den auch sein Alter nicht hinderte, jungen Mädchen nachzustellen. Darauf spielt auch die ironisierende Bildunterschrift an: *A Corner, near the Bank; – or – An Example for Fathers (Eine Straßenecke in der Nähe der Bank, oder: Ein Beispiel für Väter).* Nicht das körperliche Gebrechen des Mannes steht also im Mittelpunkt der Karikatur, sondern sein dem Alter unangemessenes Verhalten.

Menschen mit geistiger Behinderung im Alter

Christina Ding-Greiner

Alternsprozesse

Menschen mit geistiger Behinderung altern in gleicher Weise wie Menschen ohne Behinderung. Der Abbau körperlicher und geistiger Funktionen verläuft genauso wie in der Gesamtbevölkerung. Der Alternsprozess jedoch trifft bei geistiger Behinderung auf Menschen, die erhebliche Beeinträchtigungen zeigen, die es ihnen erschweren, den Alltagsanforderungen zu entsprechen. Unterschiede ergeben sich aus spezifischen körperlichen und kognitiven Einschränkungen, deren Ursache die geistige Behinderung bildet, und aus deren Lebensbedingungen.

Die Auseinandersetzung mit dem Alternsprozess zeigt bei allen Menschen eine große Variabilität. Menschen werden im Alter langsamer, jede Tätigkeit braucht etwas mehr Zeit, der Bedarf an Unterstützung bei den täglichen Verrichtungen nimmt zu. Der allmähliche Verlust der körperlichen Leistungsfähigkeit wird oft nicht wahrgenommen, oder er wird verleugnet, sodass die Menschen sich überschätzen und dadurch gefährden. Lebensbereiche, in denen selbstständiges Handeln noch möglich ist, nehmen ab, die körperlichen Grenzen werden enger. Dadurch entsteht häufig Unzufriedenheit, die sich in Ungeduld oder Aggression äußern kann. Nicht alle älteren Menschen reagieren auf diese Weise. Viele können bewusst abgeben und lernen Defizite zu akzeptieren. Sie haben häufig nur noch kleine Ziele, die sie erreichen möchten, sie werden oft gelassener und zeigen Zeichen persönlicher Reifung.

In dieser Auseinandersetzung mit dem eigenen Älterwerden und dem enger werdenden Aktionsradius sind keine Unterschiede von geistig behinderten Menschen zur Gesamtbevölkerung zu sehen.

Zwischenmenschliche Beziehungen und langjährige Freundschaften werden von älteren Menschen als sinnstiftend erfahren. Für ältere Menschen mit geistiger Behinderung, die überwiegend in stationären Einrichtungen lebten, haben Personen, die sie über lange Zeiträume begleitet haben, einen hohen Stellenwert. Wenn es nämlich gelungen ist, ein Vertrauensverhältnis aufzubauen, und Nähe erlebt wurde, können wahrgenommene Verluste und die oft fehlenden familiären Bindungen kompensiert werden.

Körperliche Erkrankungen

Generell werden von Betreuerinnen und Betreuern geistig behinderter Menschen Verluste im Bereich der Gesundheit, der körperlichen und geistigen Leistungsfähigkeit und folglich auch der Selbstständigkeit im Alltag beobachtet.

Geistig und mehrfach behinderte Menschen haben einen erhöhten medizinischen Versorgungsbedarf. Barrieren finden sich:

- in der Gestaltung und Ausstattung der Räumlichkeiten von behandelnden Ärzten,
- in der zur Verfügung stehenden Zeit,
- in einer oft mangelhaften Ausbildung und geringer Erfahrung in der Behandlung von geistig behinderten Menschen,
- in fehlenden kommunikativen Kompetenzen.

Inzwischen haben sich Medizinische Zentren für Erwachsene mit geistiger Behinderung (MZEB) etabliert mit ambulanten Behandlungs- und Unterstützungsangeboten. Bei guter ärztlicher

Leidfaden, Heft 1 / 2021, S. 75–78, © Vandenhoeck & Ruprecht GmbH & Co. KG, Göttingen, 2021, ISSN 2192-1202

Versorgung und Pflege gleicht sich die Lebenserwartung bei Menschen mit einer leichten bis mittelschweren geistigen Behinderung der Lebenserwartung der Gesamtbevölkerung an.

Veränderungen im Alter werden bei geistiger Behinderung als eine Verminderung der körperlichen Leistungsfähigkeit, als ein Nachlassen der Kräfte, eine schnellere Ermüdbarkeit mit längeren Erholungsphasen sowie einem erhöhten Ruhe- und Schlafbedarf – auch am Tag – beschrieben. Es besteht der Wunsch nach häufigeren und längeren Pausen, das Bedürfnis, sich zurückzuziehen, und häufig fordern die Betroffenen selbst Ruhe ein. Es treten zunehmend Gebrechlichkeit und Mobilitätsverlust auf, arthrotische Beschwerden führen zu häufigeren Stürzen mit entsprechenden Folgen und einer dadurch bedingten zunehmenden Ängstlichkeit. Die älteren geistig behinderten Menschen spüren diese Veränderungen und klagen vermehrt über körperliche Symptome. Es kommt zu Einschränkungen der Seh- und Hörfähigkeit, zu Herz-Kreislauf-Beschwerden, Krebserkrankungen nehmen zu. Bei Auftreten von Inkontinenz nimmt die Bedeutung der Toilettengänge zu, die Bewohner und Bewohnerinnen haben Angst, es nicht mehr bis zur Toilette zu schaffen, zunehmend wird auch eine Vernachlässigung der körperlichen Hygiene beobachtet. Diese Veränderungen führen zu einem wachsenden und zeitintensiven Pflegebedarf.

Schmerzen

Menschen mit geistiger Behinderung leiden ebenso unter akuten oder chronischen Schmerzzuständen wie Menschen ohne Behinderung, doch sie sind häufig nicht in der Lage, ihre Schmerzen adäquat mitzuteilen. Daher werden Schmerzzustände oft nicht erkannt und nicht behandelt. Verhaltensauffälligkeiten wie herausforderndes

Colourbox

Verhalten können im Zusammenhang mit körperlichen Beschwerden und Schmerzen auftreten.

Bei Verhaltensänderungen können verschiedene Reaktionen differenziert werden: vegetative Reaktionen, dazu gehören die Veränderung der Gesichtsfarbe und eine unregelmäßige Atmung; charakteristische Laute, emotionale Äußerungen wie Gereiztheit, Unruhe oder Rückzug, körperliche Anspannung, Abwehrhaltung als Selbstschutzreaktion, die den schmerzenden Körperteil gegenüber Berührung abschirmen (Lotan 2012).

Ein Versuch, »ad juvantibus« ein Schmerzmittel zu verabreichen, ist gerechtfertigt, sofern die Ursache der Schmerzen nicht ermittelt werden konnte. Wenn die Verhaltensänderung verschwindet, spricht dies dafür, dass Schmerzen vorlagen. Ihre Ursache muss jedoch geklärt werden, um eine kausale Therapie einzuleiten (Herr 2011).

Psychische Störungen

Mit zunehmendem Schweregrad der geistigen Behinderung treten psychische Störungen vermehrt auf. Herausforderndes Verhalten, dessen Prävalenz mit dem Schweregrad der geistigen Behinderung zunimmt, zeigt den höchsten Anteil an der Gesamtheit der psychischen Störungen. Eine präzise psychiatrische Diagnosestellung ist allerdings nur möglich, wenn der Patient über die Fähigkeit verfügt, die eigene Symptomatik differenziert zu beschreiben. Wenn ausgeprägte Defizite in der verbalen Kommunikation bestehen, werden Diagnosen auf der Grundlage von Auskünften von Angehörigen oder Pflegepersonen erstellt, die der Untersucher gemäß seiner Erfahrung einordnet und beurteilt (Bhaumik 2008). Aus diesem Grund ist beispielswese die Diagnose einer psychotischen Störung bei schwerer geistiger Behinderung außerordentlich schwierig.

Demenzielle Erkrankungen

Häufig werden demenzielle Erkrankungen bei Menschen mit einer geistigen Behinderung nicht als solche erkannt, da die Symptomatik dem Alter oder der geistigen Behinderung zugeschrieben wird. Der Abbau der kognitiven und körperlichen Leistungsfähigkeit erfolgt bei Demenz deutlich rascher als in der Gesamtbevölkerung. Die kognitive Leistungsfähigkeit, das Erinnerungsvermögen sowie die Lernfähigkeit nehmen ab, psychische und körperliche Einschränkungen und Erkrankungen beschleunigen den Verlauf. Eine demenzielle Erkrankung bei geistig behinderten Menschen führt zu Veränderungen der Persönlichkeit, zum Verlust von Gedächtnis, Orientierung und Selbstständigkeit im Bereich der Aktivitäten des täglichen Lebens.

Wahrgenommene Verluste und eine verminderte kognitive Leistungsfähigkeit führen zu problematischem Verhalten als Reaktion auf die eigene Hilflosigkeit, die Fehldeutung einer Situation, die Überforderung. Hunger, Durst, Schmerzen können nicht mehr adäquat ausgedrückt werden, die Patienten und Patientinnen reagieren darauf mit Angst oder Unsicherheit, mit Unruhe und Aggression, mit Apathie oder dem wiederholten Versuch, »nach Hause zu gehen.«

Altern und Sterben

Viele geistig behinderte Menschen haben durch Erfahrung gelernt, welches die wesentlichen Dinge in ihrem Leben sind, worauf verzichtet werden kann und was für ein gutes Leben wichtig ist. Teilweise wird eine Steigerung der Genussfähigkeit beobachtet: Die Bewohnerinnen und Bewohner genießen das Kaffeetrinken, Besuche beim Friseur, Ausflüge, den Wegfall des Leistungsdrucks, ihr eigenes Zimmer. Häufig nehmen innere Ruhe und Gelassenheit zu und befähigen die Menschen zum Aufbau stabiler Beziehungen. Begleiterinnen und Begleiter bestätigen die erfolgreiche Auseinandersetzung mit Aufgaben und Belastungen und eine persönliche Reifung und Entwicklung im höheren Alter. Krisen können bewältigt werden mit Hilfe der informellen Unterstützung durch Mitbewohner/-innen oder Mitarbeiter/-innen in der Wohngruppe oder durch den Einsatz professioneller Hilfe wie Gesprächstherapie. Merkmale von Kompetenz sind die aktive Auseinandersetzung mit Aufgaben und Belastungen, eine persönlich zufriedenstellende Lebensperspektive auch im höheren Alter und bei Einschränkungen aufrechtzuerhalten, sozial-kommunikative Fertigkeiten zu entwickeln, in Selbstständigkeit und Selbstverantwortung zu handeln. Diese positive Entwicklung hat aus Sicht der Betreuerinnen und Betreuer einen höheren Stellenwert als körperliche Fähigkeiten wie beispielsweise Mobilität.

Das Verhältnis zu Tod und Sterben ist sowohl bei geistig behinderten Menschen als auch bei den sie betreuenden Mitarbeitern häufig ambivalent. Nachdem nur wenige geistig behinderte Menschen das »Dritte Reich« überlebt haben, treten bei den nach dem Krieg Geborenen altersbedingt immer häufiger schwere Erkrankungen, demenzielle Entwicklungen und Todesfälle in den Wohngruppen auf. Viele ältere geistig behinderte Menschen zeigen Angst vor dem Tod. Bei steigendem Pflegebedarf entsteht die Befürchtung, in eine fremde Einrichtung verlegt zu werden, da in der gewohnten Umgebung die Versorgung auf Dauer oft nicht gewährleistet werden kann.

Trauer wird in der Gruppe gemeinsam bewältigt. Der Tod wird nicht von allen als selbstverständlich angenommen, dies ist eher jenen möglich, die eine religiöse Bindung erfahren haben, die von den Begleiterinnen und Begleitern unterstützt wird. Der Glaube ist für diese älteren geistig behinderten Menschen wichtig, er gibt ihnen Halt, er gibt ihnen Sicherheit zu wissen, »wohin man geht, wenn man stirbt«.

Christina Ding-Greiner ist Ärztin und Diplom-Gerontologin. Sie hat sich im Rahmen ihrer langjährigen Tätigkeit am Institut für Gerontologie der Universität Heidelberg mit dem Altern von Menschen mit geistiger Behinderung und chronisch psychischer Erkrankung befasst.

Kontakt: cdinggreiner@gmail.com

Die Literaturliste zu den im Text verwendeten Quellen ist auf Anfrage bei der Autorin erhältlich.

Weiterführende Literatur

Ding-Greiner, C. (Hrsg.) (2020). Betreuung und Pflege geistig behinderter und chronisch psychisch kranker Menschen im Alter. Beiträge aus der Praxis. 2., überarb. und erweiterte Auflage (in Vorbereitung). Stuttgart.

Dingerkus, G.; Schlottbohm, B. (2006). Den letzten Weg gemeinsam gehen. Sterben, Tod und Trauer in Wohneinrichtungen für Menschen mit geistigen Behinderungen. Hrsg. von der Ansprechstelle im Land NRW zur Pflege Sterbender, Hospizarbeit und Angehörigenbegleitung (zu bestellen über www.alpha-nrw.de)

Dörner, K. (2004). Verantwortung vom Letzten her. Der innere Impuls des Sorgens um den Anderen. In: Bock, T.; Dörner, K.; Naber, D. (Hrsg.): Anstöße. Zu einer anthropologischen Psychiatrie. Bonn: Psychiatrie-Verlag.

Haveman, M.; Stöppler, R. (2020). Altern mit geistiger Behinderung. Grundlagen und Perspektiven für Begleitung, Bildung und Rehabilitation. 3., überarb. und erweiterte Auflage. Stuttgart.

Von »Du starbst so jung, du starbst so früh« bis zu »Im gesegneten Alter«

Was uns Todesanzeigen über das Altersbild (der Inserenten) vermitteln

Margit Schröer und Susanne Hirsmüller

Todesanzeigen stellen aus kultur- und gesellschaftswissenschaftlicher Perspektive eine Fundgrube für die in der Bevölkerung verbreiteten Ein- und Vorstellungen unter anderem zu Alter, Krankheit, Sterben und auch zum Jenseits dar.

Die diesem Artikel zugrunde liegenden ca. 900 Todesanzeigen entstammen 19 verschiedenen deutschsprachigen Tageszeitungen und nehmen ausschließlich Menschen in den Blick, die bei ihrem Tod zwischen 70 und 110 Jahren alt waren.

In welchem Alter wird der Tod akzeptiert?

Mit der seit Jahrzehnten steigenden Lebenserwartung hat sich die allgemeine Einschätzung darüber, wann ein Tod nicht mehr als »zu früh« bezeichnet wird, nach und nach bis ins neunte Lebensjahrzehnt verschoben. Im Allgemeinen wird der Tod alter Menschen als »angemessen« erachtet – fragt sich nur, in welchem Alter die jeweiligen Inserenten und Inserentinnen dies für ihre Verstorbenen akzeptieren.

*»Als die Schritte kleiner wurden,
die Wege dieser Welt zu groß,
zu fremd, zu steinig,
da schenkte Gott ihr Flügel
und ließ sie fliegen in seine Ewigkeit.«*

*»Wenn meine Füße mich nicht mehr tragen,
wenn meine Augen nur noch Schatten sehen,
wenn meine Worte nur nach der
Vergangenheit fragen,
dann ist es Zeit, dann muss ich gehen.«*

*»Wenn die Tritte schwerer werden
und der Atem härter ringt,
kommt die Nacht,
die der Beschwerden
selig Ende bringt.«*

*»Wenn Gedanken im Nebel verschwinden,
Worte nicht den Weg über die Lippen finden,
Beine nicht mehr den Körper tragen,
Organe ihre Funktion versagen,
alle Leiden zum Tragen zu schwer,
dann kommt selbst der Tod freundlich daher.«*

Leidfaden, Heft 1 / 2021, S. 79–82, © Vandenhoeck & Ruprecht GmbH & Co. KG, Göttingen, 2021, ISSN 2192-1202

Obwohl der Tod im Alter zwar unabwendbar ist, kommt in vielen Anzeigen ein deutliches Erstaunen darüber zum Ausdruck, dass er nun tatsächlich bei diesem Menschen eingetreten ist. Die Formulierung der Tod sei »plötzlich« oder »unerwartet« und mitten im Leben eingetreten, ist mittlerweile auch bei Menschen zu finden, die mit über neunzig Jahren starben. Mit solchen Worten wird von den Nahestehenden zum Ausdruck gebracht, dass der Tod in ihren Augen viel zu früh eingetreten ist, sie hätten sich gern mehr Zeit zum Abschiednehmen genommen. Andererseits zeigen Untersuchungen, dass gerade solche Gespräche über »End of Life-Wünsche« in vielen Familien vermieden werden, weil sie beide Seiten emotional belasten.

Beispiele für Formulierungen sind: *»sein plötzlicher Tod hat uns alle sehr erschüttert« (100 Jahre), »plötzlich und unerwartet, für uns alle unfassbar« (94 Jahre), »mit völliger Fassungslosigkeit und blankem Entsetzen müssen wir Abschied nehmen, (…) er ist völlig unerwartet und plötzlich mitten aus unserem Leben gerissen worden« (99 Jahre).*

Zudem wird dabei betont, dass der Tod *»ohne jede Vorwarnung«, »ohne Ankündigung«* bzw. *»ohne jedes Vorzeichen«* eintrat. Diese Formulierungen zeigen, dass die Hinterbliebenen (und auch große Teile der Gesellschaft) eine bestimmte Lebensdauer (heute mindestens 90 Jahre) nicht nur als Erwartung, sondern als Anspruch, Anrecht oder zumindest als Normalität ansehen. Das Unverständnis, das bis zum Protest der Angehörigen reichen kann, wird in den gewählten Formulierungen deutlich: *»du warst bereit, wir nicht« (95 Jahre), »im Alter von nur 85 Jahren«, »du hast uns versprochen, 100 zu werden« (85 Jahre).*

Erschöpft von der Bürde des Alters oder fit bis in den Tod?

Die Beschreibungen des Alters in Todesanzeigen reichen, je nach Einschätzung der Lebensqualität, von der Ausübung noch möglicher körperlicher und/oder geistiger Tätigkeiten über bestimmte Herausforderungen bis hin zu eindrücklichen Formulierungen diverser Beschwerden. Der Spannungsbogen in den Formulierungen beginnt bei *»du hattest noch so viel vor«* über *»meine Lebensfreude war ungetrübt«, »Ich kann, weil ich will«* bis zu *»nun bist du endlich erlöst«.* Der Tod alter Menschen wird als *»Erlösung«* und als angemessen angesehen, egal ob das Leben als Last (infolge zahlreicher *»Altersmaläste«*) oder als persönliches Verdienst (*»stolze Lebensleistung«, »reich erfülltes Leben«*) wahrgenommen wird.

Geliebt von Anfang an
und über das Ende hinaus.
Taizé

Theodora Färber
geb. Schenk

* 26. April 1929 † 6. Juni 2019

Neugierig wie sie war, waren 90 Jahre zu kurz.
Sie hat das Leben geliebt.
Sie wird uns alle vermissen...
...und wir sie auch.

Klaus Färber
Ulrike Färber
Helena Färber
und Familie

Traueranschrift: Familie Klaus Färber
Bestattungshaus Liesen, Buschstraße 22, 47166 Duisburg

Der Trauergottesdienst mit anschließender Urnenbeisetzung findet am Freitag, dem 28. Juni 2019, um 10.15 Uhr in der Friedenskirche, Duisburger Straße, 47166 Duisburg-Hamborn, statt.

Wenn der Nebel des Vergessens die Seele einhüllt, jeden klaren Gedanken im Keim erstickt.
Wenn das Leben nicht mehr dein Leben ist, die Freude am Dasein nur noch ein Schatten ist,
so ist der Abschied noch immer ein Abschied mit Tränen, doch sind diese keine Tränen der Trauer -
es sind Wunschtränen !
Eine jede von ihnen beinhaltet den Wunsch, sich an Deine Sonnenzeiten zu erinnern -
an Zeiten, als die Nebel noch Illusion und Du noch von einem Strahlen umgeben warst -
und nun wieder bist !

Ein beschwerlich gewordener Lebenskreis hat sich geschlossen.

Elisabeth Bürger
geb. Fröstl
* 30. 5. 1927 † 4. 4. 2018

Du bist friedlich eingeschlafen
und wir waren froh dich begleiten zu dürfen:

79346 Endingen,
Langstraße 24

Familie Ferdinand Fröstl
Martha Bürger, Familie Alois Bürger
Renate mit Familie

Die Trauerfeier findet am Freitag, 13. April 2018, 11.00 Uhr
in der Einsegnungshalle in Endingen statt, anschließend Urnenbeisetzung.

Abends um 19.00 Uhr ist das Seelenamt in der Pfarrkirche St. Peter.

Auch der Umgang der Verstorbenen mit ihrem Alter, insbesondere mit den damit verbundenen Einschränkungen beziehungsweise Herausforderungen, wird bildhaft beschrieben: *mit Geduld ertragen, mit Tapferkeit, mutig, würdevoll, zuversichtlich, wohlvorbereitet, ohne zu klagen, im Glauben gefestigt bis zum* (oft zitierten) *schweren oder aussichtslosen, verlorenen Kampf.*

Wenn Menschen im achten oder neunten Lebensjahrzehnt sterben, reichen die Formulierungen von einer mehr oder weniger detaillierten Beschreibung der Altersbeschwerden – *»Müde und gezeichnet von den Beschwerden des Alters« (86 Jahre), »Die Last des Alters wurde ihm zu schwer, er empfand das Leben zunehmend als inhaltslos« (89 Jahre), »erschöpft von der Bürde des Alters entschlief« (88 Jahre), »Wenn ein Leben kein Leben mehr ist, muss man für die Erlösung dankbar sein (81 Jahre), »Doch am Ende stand Erschöpfung und ungeduldiges Warten auf den Tod« (98 Jahre)«* – bis zum Dank für ein erfülltes Leben, das im stolzen oder gesegneten Alter endete – *»sie verteidigte ihre Unabhängigkeit mit Begeisterung (…) und hat sie bis zum Schluss genossen« (95 Jahre), »mit 90 war er noch am Nordkap« (91 Jahre), »Deine heitere, gelassene Art, deinen Lebensherbst zu leben, hat allen imponiert« (98 Jahre), »Ihre Unerschrockenheit dem Alter gegenüber« (105 Jahre), »Wissbegierig bis in die letzten Stunden« (106 Jahre), »Seine geistige Frische und wissenschaftliche Neugier behielt er bis zum letzten Tag« (98 Jahre), »Gespräche mit vertrauten Menschen gaben ihr Kraft und Lebensfreude bis zuletzt. Ihre Art, in Würde zu altern, wird uns ein Beispiel sein« (91 Jahre).*

Und wenn ich morgen sterben müsste, hätte ich heute noch einen Traum …

Wie in dem Beitrag »Alter ist Lebenschance« von Heiderose Gärtner-Schultz in diesem Heft beschrieben, haben alte und hochaltrige Menschen durchaus noch Zukunftsträume, Hoffnungen und Visionen. Einige planen konkrete Vorhaben oder Reisen: *»Er lebte seinen Traum und hatte noch lange nicht genug. Nach einem vollends erfüllten Leben ist er plötzlich und unerwartet friedlich eingeschlafen« (97 Jahre), »Tröstlich – viele Pläne für die gemeinsame Zukunft im Gepäck« (82 Jahre), »Im hohen Alter rege anteilnehmend und voller Wünsche« (90 Jahre), »Nach einem erfüllten Leben, doch voller Zukunftspläne und Träume« (86 Jahre), »Mitten aus dem Leben, den Kopf voller Pläne« (83 Jahre).*

Auf Todesanzeigen werden immer öfter Fotos der verstorbenen Personen abgedruckt. Beginnend in den 1990er Jahren waren dies in der Regel Pass- beziehungsweise Porträtfotos in Schwarz-Weiß. Heutzutage sind Farbfotos die Regel und zeigen die Verstorbenen häufig bei ihren Hobbys (beim Wandern, im Garten, mit Tieren, beim Sport, im Urlaub und anderes mehr). Immer mal

Mit 90 noch am Nordkap,
ein Jahr später hast du dich nun
auf deine letzte Reise gemacht.

Werner Stein

* 06. Dezember 1924
† 18. Januar 2016

Nacht, Nacht Papi

Dörte Endermann
Wiebke Stein
Frauke Stein
& Familien

Wir verabschieden uns am 11.02.2016 um 11.00 Uhr beim „Ausklang am Fleet„ im Hans-Henny-Jahnn Weg 67. Anstelle von Blumen bitten wir um Spenden an das Kinderkrebs-Zentrum Hamburg, Konto DE33 2009 0700 4154 1260 01, Stichwort: „Werner Stein".

Nach erfüllten glücklichen 100 Jahren war es nun Zeit zu gehen!
Danke für dieses wundervolle Leben!
Danke an all die Wegbegleiter, die mir diese schöne Zeit ermöglicht haben!
Danke an alle, die mich in den letzten Jahren meines Lebens betreut haben!

Adieu

Erna Juliana Hammerl

Juli 2020

Abschiedsfeier am Freitag, 31. Juli 2020, um 15.00 Uhr
bei AETAS Lebens- und Trauerkultur, Baldurstr. 39 in München,
gegenüber des Westfriedhofes. Tel. 0 89/ 1 59 27 60
Die anonyme Beisetzung findet zu einem späteren Zeitpunkt statt.

...manchmal wünsche ich mir, dass ich morgens aufwache und feststelle, dass ich gestorben bin.

Hilde Müller

Gott hat sie in den Arm genommen.

Hilde Müller

geb. Tästensen

* 5. Juni 1913 † 3. März 2015

Wir trauern: Antje, Axel, Carl, Christiane, Dirk, Eltje, Fritz, Götz, Heiner, Konstantin, Mona, Peter, Saskia, Sigrid, Thea, Tim und Wiebke, das Kränzchen der Gruppe 13 vom KMGV, die langjährigen Nachbarn in der Ikarosstraße, die Mitarbeiter und Mitbewohner des Seniorenheims in Leverkusen-Rheindorf und viele Mitmenschen, die sie bis zum Schluss mit ihrem fröhlichen Wesen erfreut hat

Traueranschrift: Axel Müller, Potsdamer Straße 11 a, 51377 Leverkusen

Die Trauerfeier in der Trauerhalle des Westfriedhofes findet statt am Mittwoch, dem 11. März 2015, um 11.00 Uhr.

Wer bei Todesfällen den Humor verliert, hat den Humor nicht verstanden, um vom Tod erst gar nicht zu reden

– Peter Rudi –

Claus van der Linden

3. 8. 1930 – 4. 4. 2019

Oberstudienrat

In Dankbarkeit für unsere gemeinsame Zeit, mit vielen schönen Erinnerungen und wertvollen Erfahrungen, nehmen wir Abschied von meinem geliebten Vater, meinem Schwiegervater, unserem Opi

Annika geb. v. d. Linden und Ralf Sutter

Christian und Amelie

Traueradresse: Annika Sutter, Mühlgasse 30, 69151 Neckargemünd

Die Trauerfeier mit anschließender Urnenbeisetzung findet am Freitag, den 26. April 2019, um 15 Uhr auf dem Friedhof in Neckargemünd statt.

wieder fallen Schwarz-Weiß-Fotos von jungen Menschen auf, bei denen dann Kleidung und Frisuren erkennen lassen, dass die Fotos vor mehr als dreißig bis fünfzig Jahren aufgenommen wurden und die Verstorbenen in ihrer Jugend zeigen. Dies legt die Annahme nahe, dass für die jeweilige Person dies die beste, schönste Zeit ihres Lebens gewesen war und mit glücklichen Erinnerungen für die Hinterbliebenen verbunden ist. Damit werden Alter, Schwäche, Abhängigkeit und Einschränkungen, die das Alter mit sich bringen kann, negiert. Im Gegensatz dazu gibt es in den letzten Jahren immer mehr aktuelle und damit realistische Fotos Verstorbener in ihrem tatsächlichen Alter und zum Beispiel mit Gehstützen, Rollator, Rollstuhl, Elektromobil sowie selbst im Bett liegend im Schlafanzug.

Humor

Seit einigen Jahren wird in den Todesanzeigen oft der Humor der Verstorbenen besonders hervorgehoben, den sie sich trotz Krankheit und Altersbeschwerden bewahrt haben. Sei es durch die Charakterisierung des Verstorbenen – *»ihre unbändige Fröhlichkeit« (87 Jahre), »sein lautes Lachen« (91 Jahre), »Sie hat sich durch ein langes, erfülltes Leben gelacht« (95 Jahre)* – oder auch durch ein entsprechendes Foto. Und neuerdings wird auch im sogenannten Trauerspruch der Humor alter Menschen besonders zum Ausdruck gebracht: *»Kinder, das ist Neuland für mich« (86 Jahre), »Jetzt mach ich Winterschlaf« (77 Jahre), »Hanna würde jetzt sagen: do war d'Hebamme nümmi schuld« (87 Jahre).*

Fazit

Todesanzeigen sind eine wahre Fundgrube, um die unterschiedlichsten Einstellungen und Erwartungen zum Alter aufzufinden. In ihnen spiegeln sich sowohl die Zuversicht und Zufriedenheit als auch Verzweiflung und Bitterkeit der Verstorbenen als auch der Inserentinnen und Inserenten. Nicht selten gewähren die Anzeigen tiefe Einblicke in die Gefühlslage der Hinterbliebenen.

Dipl.-Psych. **Margit Schröer** (re.) ist psychologische Psychotherapeutin, Psychoonkologin, Supervisorin und Ethikerin im Gesundheitswesen. Sie war leitende Psychologin in einem großen Krankenhaus in Düsseldorf und lehrt an zwei Universitäten.

Dr. **Susanne Hirsmüller** (li.) ist Fachärztin für Gynäkologie und Geburtshilfe, Psychoonkologin und Ethikerin im Gesundheitswesen. Sie ist Dozentin in den Studiengängen »Pflege« und »Hebamme« an der Hochschule Bremen und Lehrbeauftragte für Palliative Care an der Universität Freiburg.

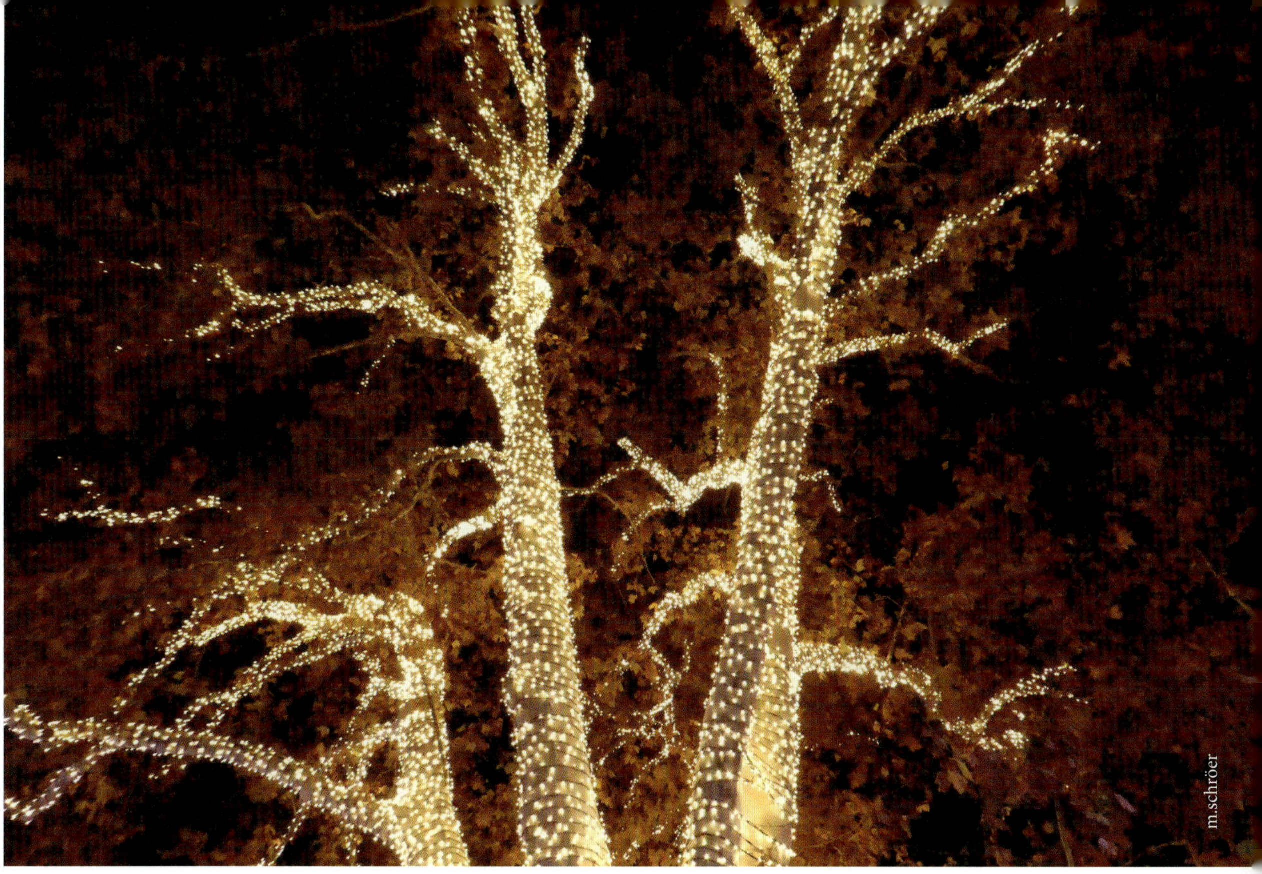

Falten auf der Leinwand – Altersbilder im Film

Traugott Roser

Der heimliche Blick in den Spiegel

Wer fühlt sich schon alt!? Wenn ich mich mit meiner Großmutter vergleiche, mutete die mit Mitte fünfzig wesentlich älter an, als ich mich heute empfinde. Meine Großmutter war wirklich, also wirklich richtig alt. Sie klagte beständig über ihre schmerzenden Beine. Sie trug immer dunkle Witwenkleidung. Ihre Haare waren dünn und grau und sie trug Brille. Ich blicke verstohlen in den Spiegel und stelle fest, dass ich gar keine Haare mehr habe. Ich brauche keine Brille, habe aber ein Hörgerät. Nur bei der Kleidung, da bin ich mutiger. Ich kombiniere gern Dunkelblau mit Anthrazit.

Altern tun wir alle. Aber wir beobachten vor allem andere, die älter wirken als wir selbst. Und dann fährt es einem wie ein Hexenschuss ein: Sehen die mich genauso? Vielleicht liegt es an meiner Lust, anderen als mir selbst beim Altwerden zuzusehen, dass ich mit Begeisterung Filme sehe, in denen die Protagonisten nicht mehr die Jüngsten sind. Das Schöne am Kino ist ja, dass einem dort Theorien über das Alter und das Altern präsentiert werden, ohne dass man sich mit dröger Fachliteratur befassen muss. Ein paar meiner Lieblingsfilme erzählen Mythen der Lebenskunst, Komödien und Dramen des Altseins.

Gefühlswallungen in wallenden Gewändern

Um mit dem Positiven zu beginnen: Auch mit schlaffem Trizeps kann man noch Traumprinz oder Traumfrau sein. Das beste Beispiel dafür ist der wunderbare Film »*Mondsüchtig*« (USA 1987), eine romantische Komödie von Norman Jewison mit Cher in der Hauptrolle. Olympia Dukakis spielt Rose, die Mutter von Cher. Ihr behäbiger Ehemann Cosmo (Vincent Gardenia) betrügt sie

Leidfaden, Heft 1 / 2021, S. 83–86, © Vandenhoeck & Ruprecht GmbH & Co. KG, Göttingen, 2021, ISSN 2192-1202

Timmitom / photocase.de

mit einer Jüngeren, die er in die Oper ausführt und mit Goldschmuck behängt. Rose fügt sich in ihr Schicksal, immerhin ist sie als Italienerin streng katholisch und glaubt an die Sakramentalität der Ehe. Eines Abends geht sie allein in eine Trattoria Essen und wird Zeugin, als am Nachbarstisch ein alternder College-Professor von einer jugendlichen Studentin vor aller Augen als alter Bock bloßgestellt wird. Rose setzt sich zu ihm und bittet ihn, ihr zu erklären, warum alternde Männer immer auf der Jagd nach jungen Frauen seien. Mich berührt das Flackern zwischen Rose und dem Professor, das unterschwellige Begehren zwischen beiden. Einer Nacht der Liebe stünde nichts entgegen, wäre da nicht der Treueschwur zum tumben Cosmo. Dennoch hat der Vollmond Rose das Glück des Begehrens und Begehrtwerdens beschert, süß wie schwerer Primitivo. Das wallende Kleid um Roses Hüften sieht allemal sinnlicher aus als die hautengen Teile der Studentin.

Das Wallen der Hormone fehlt oft in klugen Alterstheorien des dritten oder vierten Lebensalters. Rose ist nicht hochaltrig, aber befindet sich im dritten Lebensalter. In Filmen fehlt Sex nie, oder fast nie. Ich bin mir dank der Erfahrung als Seelsorger in Altenpflegeeinrichtungen sicher, dass Filme näher an der Wirklichkeit sind.

Natürlich muss man beim Thema Liebe und Sex im Alter auf das Meisterwerk *»Wolke 9«* (Deutschland 2008) von Andreas Dresen zu sprechen kommen. Die knapp siebzigjährige Inge, gespielt von Ursula Werner, seit drei Jahrzehnten verheiratet, verliebt sich in den knapp achtzigjährigen Karl. Sie verlässt ihren Ehemann, der sich schließlich umbringt. Georg Seeßlen schrieb zum Film: »Ungewöhnlich an dieser Liebesgeschichte mit tödlichem Ausgang ist nicht das Alter der Beteiligten, sondern dass man es ihnen auch ansieht. (…) Menschen, wie sie eben aussehen, wenn sie über 70 sind. Auch beim Sex, auch bei alltäglichen Verrichtungen im Badezimmer oder in der Küche ist die Kamera diesen Menschen sehr nahe. Und merkwürdigerweise kommt gerade aus dieser Nicht-Verschämtheit die Würde der Menschen und ihrer Lebensweise in diesem Film.«

Auf der Kinoleinwand (englisch: *silver screen!*) ist alles Licht. Auch faltige Haut leuchtet! Das ist der Zauber des Kinos. Leider sind viele Filmschaffende zu oft der Meinung, dass Sexualität und Körperlichkeit im vierten Lebensalter abnehmen. Barbara Sukowa unterhält sich in einem Interview über ihren neuen Film *»Wir beide«* (Frankreich 2020; Regie: Filippo Meneghetti), eine Geschichte über die jahrelang versteckte Liebe zwischen zwei Frauen, die mittlerweile ins Alter gekommen sind. An der Arbeit mit dem Regisseur reizte Sukowa nach eigener Auskunft, dass er die lesbische Liebe nicht als »Anmache für Männer« inszenieren wollte: »Diesem jungen Mann ging es nicht um den Körper, sondern um die Liebe, die Intimität im Kopf« (Interview mit Anke Sterneborg, SZ vom 8. August 2020). Körper haben und Leib sein scheinen nicht mehr wichtig. Sukowa antwortet auf die Frage, warum nicht viele Kinogeschichten über ältere Frauen gedreht werden, obwohl das Publikum des Arthouse-Kinos in der Mehrheit weiblich und über fünfzig ist, dass »es einfach nicht so viele Geschichten gibt, die man über ältere Frauen schreiben kann. Die meisten dramatischen Situationen finden im Alter zwischen 30 und 50 statt«. Das finde ich altersdiskriminierend.

Zum Dritten Lebensalter gehört das unaufhörliche Voranschreiten des Alterungsprozesses. Chronische Krankheiten treten auf, körperliche und geistige Leistungseinbußen machen sich bemerkbar. Die Teilhabe an sportlichen und kulturellen Angeboten wird mühsamer, das soziale Netz löchriger. Wenn der achtzigste Geburtstag in Sichtweite kommt, mehrt sich die Zahl der an Demenz Erkrankten. All das gehört immer noch zum dritten Lebensalter, schreibt Marina Kojer in der Zeitschrift »Spiritual Care« (2017, S. 433–434). Aber auch ein gebrechlicher Körper und eine verwundete Seele können in Leidenschaft entfacht sein.

Auch nachlassende Superkräfte bleiben Kräfte

Das Comic-Genre mit seinen Superhelden begleitet Menschen meiner Generation. Es wurde in den 1930er und 1940er Jahren durch jüdische Zeichner wie Joe Schuster und Jerry Siegel kreiert, die Erfahrungen von Ausgrenzung in Comicstrips verarbeiteten. Die Filmserie X-Men basiert auf der erfolgreichsten Comicserie der 1980er und 1990er Jahre und brachte die Kinokassen zum Klingeln. Während Disney-Figuren alterslos bleiben, scheinen Superhelden mit ihrem Publikum altern zu dürfen. Das beste Beispiel ist der Film *»Logan – The Wolverine«* (USA, 2017; Regie: James Mangold), der in rostigen Bildern und mitunter mit brutal zugespitzten Gewaltdarstellungen vom Altern zweier Helden erzählt: Logan, der Wolfsmensch (Hugh Jackman) – dem Alkohol verfallen, als Taxifahrer unterwegs und vom Leben völlig desillusioniert. Seine Superkräfte, Messerklingen in den Handknöcheln, vergiften ihm Körper und Geist, sind gleichzeitig Auslöser einer unheilbaren Krankheit. Sein körperlicher Verfall und ein als gescheitert empfundenes Leben quälen sein Gemüt, wovon ihn nur der Tod erlösen kann, was für einen Superhelden nicht einfach hinzukriegen ist. Logan wird im dritten Lebensalter sterben, zu früh, unfähig zu einer versöhnten Lebensbilanz und verbittert, auch weil er als »Mannsbild« nie gelernt hat, Affekte jenseits von Pflichtgefühl und Wut auszudrücken. Die zweite Gestalt, sein Mentor Professor Charles Xavier (Patrick Stewart), verkörpert das vierte Lebensalter, im fortgeschrittenen Stadium an Demenz erkrankt, was im Film durch Medikamente palliativ behandelt werden kann. Wenn Charles seine Medizin nicht kriegt, verliert er die Kontrolle über seine telepathischen Kräfte und versetzt mit Epilepsie-ähnlichen Anfällen die gesamte Umgebung in Erstarrung. Heftiger kann Hollywood die sozialen Auswirkungen einer Demenzerkrankung nicht zeigen. Logan bringt Charles deshalb in einem Wassertank unter, Pflegebett, Zimmerpflanzen und 24-Stunden-Betreuung inklusive. Dass die »behütende Einrichtung« an der mexikanischen Grenze liegt, dürfte als ein Kommentar zum Gesundheitswesen und billigen illegalen Pflegekräften zu verstehen sein. Faszinierend ist, wie die Filmemacher das Leben der alternden Helden als Fortsetzung der Dauerschleife der Traumata früherer Jahre zeigen, aber auch als ein Füreinander-Dasein bis zuletzt. Bei allem Haudrauf-Spektakel erzählt der Film von Altruismus und Generativität im hohen Alter. Ihre letzte Kraft stecken die Superhelden nicht mehr ins eigene Überleben, sondern in das der nachfolgenden Generationen, denen sie eine miese Welt hinterlassen.

Vom Ersticken des Lebenswillens

Ein europäischer Film ist dank seiner drückenden Atmosphäre nicht weniger schwere Kost. Am Ende von *»Amour«* (Deutsch *»Liebe«;* Frankreich 2012; Regie: Michael Haneke) steht ein Verzweiflungsmord, vielleicht sogar ein erweiterter Suizid als Liebestat. George (Jean-Louis Trintignant) und Anne (Emmanuelle Riva) leben ein Bildungsbürgerleben, bis Klavierlehrerin Anne eines Tages einen Schlaganfall erleidet. Die Welt der beiden wird immer enger – ein Kammerspiel im wahrsten Sinn des Wortes. Der Abschied vom Leben – als krankheitsbedingt unmögliche Teilnahme am sozialen Leben (Konzerte, Familie, Freunde) und selbstgewählter Verzicht auf passive Teilhabe an Musik, Familie, Nachbarschaft – vollzieht sich auf allen Ebenen, die einst sinnstiftend waren und Lebensqualität ermöglichten. Pflege von außen lehnen sie ab, Besuche verbieten sie, religiös waren sie nie und selbst das Musikhören wird als schmerzhafte Erinnerung an früheres Glück aus dem Leben verbannt. Auch zärtliche Zweisamkeit findet nur noch als Nebeneffekt bei Pflegeverrichtungen wie dem Toilettengang statt, bis die Pflegebelastung zu Gewaltausbrüchen führt. Es ist ein gnadenloses Defizitbild des Alters, aus dem scheinbar nur der Suizid eine Lösung bietet. Ein Meisterwerk des Horrorkinos, anders kann ich das nicht sagen: Wenn Menschen nach dem »Weißen Hai« von Steven Spielberg nicht mehr im Meer schwimmen wollten, dann werden sie nach »Liebe« von Michael Haneke nicht alt werden wollen.

Vom Rasenmäher aus in den Himmel blicken können

Im hohen Lebensalter kann man kauzig sein und sich dennoch mit dem Leben versöhnen lassen. Das erzählt zumindest mein Lieblingsfilm. *»The Straight Story – eine wahre Geschichte«* (USA 1999; Regie: David Lynch) erzählt vom 73-jährigen Rentner Alvin Straight (Richard Farnsworth), der seinen Bruder Lyle besuchen will, als dieser einen Schlaganfall erleidet. Die beiden haben seit zehn Jahren nicht mehr miteinander gesprochen, aber nun will Alvin sich mit dem Bruder aussöhnen. Alvin hat keinen Führerschein mehr, will sich aber auch nicht der Hilfe anderer bedienen. Also legt er den 600 Kilometer langen Weg von Iowa nach Wisconsin auf seinem Rasenmäher zurück, mit 8 Stundenkilometern. Alvin reist zur Erntezeit im realen und übertragenen Sinn. Der Film ist ein Gedicht der Bilder ohne jegliche Romantisierung oder Verlustigung des Alters (wie ich sie manchen deutschen Filmen unterstellen würde), mit Kamera- und Tonaufnahmen und Begegnungen, lyrisches Kino. Bilder und Musik lassen sich ein auf das Tempo des Helden, auch auf seine Wertewelt. Kein Mord, keine Gewaltszene, noch nicht einmal Fäkalsprache begegnen im Film, sondern eigentlich nur freundliche Menschen. Junge, Mittelalte, Alte haben alle ihre Probleme und dennoch werden sie dem alten Reisenden zu Engeln auf dem Weg. Vor allem aber wird Alvin selbst zu einem Engel und altersweisen Ratgeber. Er schafft es, dass Zwillingsbrüder, die einander bekriegten wie Jakob und Esau, zur Besinnung kommen. Am Ende kommt Alvin am Ziel an, in einer Ortschaft, die nicht ohne Grund Mount Zion heißt. Dort parkt er seinen Rasenmäher um sich mit seinem Bruder auf die Veranda zu setzen und in den Sternenhimmel zu schauen.

Es ist mein Lieblingsfilm auch wegen der Szene auf einem alten Friedhof in einer sternenklaren Nacht. Aus der Kirche kommt ein Pfarrer und bietet ihm ein Abendessen an, das Alvin, stur wie er ist, ausschlägt. Aber es entspinnt sich ein Dialog, der das beste Seelsorgegespräch darstellt, das es jemals im Film gab. Dabei redet eigentlich nur Alvin. Aber die Art und Weise, wie der Pastor ihm zuhört, wie er ihn ermuntert zu sprechen und das Ziel seines Weges zu begründen, kommt dem nahe, was ich als mein eigenes Ideal des Pfarrerseins verstehe. Der Pfarrer hat zwar das letzte Wort, aber es lautet: »Dazu kann ich nur Amen sagen.« Wenn das das letzte Wort meines Lebens sein sollte, in welchem Alter auch immer, dann bin ich versöhnt.

Traugott Roser hat als ersten Film seines Lebens »Robin Hood« von Walt Disney gesehen. Heute lehrt er Praktische Theologie an der Evangelisch-Theologischen Fakultät der Universität Münster mit den Schwerpunkten Seelsorge, Palliative Care, Religion im Film und Pilgern.

Kontakt: traugott.roser@uni-muenster.de

Literatur

Strauß, B.; Philipp, S. (Hrsg.) (2017). Wilde Erdbeeren auf Wolke Neun. Ältere Menschen im Film. Berlin, Heidelberg.

Spiritualität im Alter (2017). Themenheft Spiritual Care. Zeitschrift für Spiritualität in den Gesundheitsberufen, 6, Heft 4

Anmerkung

1 http://www.getidan.de/kritik/film/georg_seesslen/2289/wolke-9

© VG Bild-Kunst, Bonn 2020

Isa Genzken, ohne Titel, 2006

Sogenannte Assistenzsysteme – wie zum Beispiel der Stock oder der Rollstuhl – sind keine neue Erfindung; allerdings war der Rollstuhl im 18. Jahrhundert als *bath-chair* eher ein Zeichen des exklusiven, begüterten Luxus als ein Ausweis von Behinderung. Erst mit der industriellen Fabrikation und der Ausweitung des Gebrauchs auf viele invalide und alte Menschen konnte er zu einem Negativsymbol für Behinderung und Kriegsversehrung werden. Hinzugesellt hat sich seit den 1980er Jahren der Rollator, der angesichts der demografischen Entwicklung mittlerweile das Bild in den Straßen prägt. Sein Vorteil ist, dass er nicht nur als Fortbewegungs-, sondern auch als Transportmittel für Einkäufe und als mobiler Sitzplatz dienen kann. Diese Bedeutungsebenen wie auch die zunehmende Sichtbarkeit von Rollatoren, Rollstühlen und Gehhilfen in der alternden Gesellschaft thematisierte die Künstlerin Isa Genzken in einer Installation aus dem Jahr 2006. Sie bekleidete Rollstühle und Sitzmöbel, die mit alten Menschen assoziiert werden, wie etwa Lehnstühle, sowie Gehhilfen mit unterschiedlichsten Textilien und Folien, die aufgrund ihrer Farbigkeit und als Werkstoffe der Moderne (Plastik, Kunststoffe, Spiegelfolie) einen Kontrapunkt zum mit den Assistenzsystemen assoziierten Alter darstellen. Auch die auf ihnen installierten Babypuppen scheinen dem Realitätsbezug zu widersprechen – man könnte sie allerdings auch als einen Hinweis auf die Generationen, auf das Gehenlernen zu Beginn des menschlichen Lebens und die Gehbehinderungen zum Lebensende hin, verstehen. In jedem Fall hinterlässt die Künstlerin mit der künstlerischen Bearbeitung und Ästhetisierung dieser Objekte zugleich ein verstörendes Gefühl beim Betrachter, bei der Betrachterin, das zur Reflexion über das Alter anregt.

Wenn ich einst alt bin … Alt sein ist anders …

Tagesfortbildung (8 Unterrichtseinheiten)

Ingeborg Dorn

Vorbemerkung

Als Krankenhausseelsorgerin in der Geriatrie bin ich täglich mit der Thematik »Alt sein« konfrontiert, den dazugehörenden Sehnsüchten, Wünschen und Enttäuschungen sowie den damit verbundenen Herausforderungen für das Leben. Ich selbst werde älter und begleite meine achtzigjährige Mutter in ihrem Alltag, wo sie meine Unterstützung wünscht.

Was bedeutet *Alt werden – Alt sein* in diesen Tagen? Wie sehe ich das? Wie gehe ich/gehen wir damit um? Welche Aufgabe(n) habe ich, welche nicht im Alt werden und in der Begegnung mit alten Menschen? Als Menschen haben wir alle Vorstellungen vom Alt werden. Eine alternde Ge-

Zeitplanung	Lernziel	Inhalt	Methode
UE 1 + 2			
03 Min.	Eröffnung	Einstimmung	Song
10 Min.	TN sollen neugierig werden auf das, was folgt	Begrüßung, Lied als Aufhänger nehmen und Vorstellung dessen, was in den nächsten Stunden geschehen soll	Kurzvortrag
30–40 Min. je nach Größe der Gruppe	TN lernen einander kennen	TN stellen sich vor und nehmen Bezug auf das Thema – unterstützt mit Bildern	Rundgespräch
30 Min., evtl. mehr je nach Gruppengröße	Sensibilisierung der TN für altersbedingte Einschränkungen	Instant Aging Erleben von alt sein, eingeschränkt sein	**Übung** als Einzelne und doch in Kleingruppen eingeteilt
15–20 Min.	Erfahrung ins Bewusstsein bringen, reflektieren und benennen können	Erkenntnisse und Gefühle benennen, am Ende nochmals die Erfahrungen bündeln	geleitetes Plenumsgespräch
15 Min. Pause			

UE = Unterrichtseinheit; TN = Teilnehmende; KL = Kursleitung

Leidfaden, Heft 1 / 2021, S. 88–92, © Vandenhoeck & Ruprecht GmbH & Co. KG, Göttingen, 2021, ISSN 2192-1202

sellschaft fordert jede/jeden heraus. Deshalb sind die Schwerpunkte der Fortbildung Einzel- und Gruppenarbeit und Reflexion, nicht so sehr Wissensvermittlung.

Ziel Auseinandersetzung und eventuell Blickwechsel mit/in der Thematik Alt werden/Alt sein.

Zielgruppe Menschen, die sich mit ihrem eigenen Altwerden auseinandersetzen wollen und/oder alte Menschen begleiten. Alle bringen Erfahrungen, Prägungen und ihre Sichtweise zum Themenkomplex mit.
Max. Gruppengröße: 15–20 Teilnehmende.

Raumgröße Ausreichend, damit Kleingruppenarbeit möglich ist.

Vorbereitung Die Leitung sollte einiges über Alt sein / Alt werden und den Umgang mit alten Menschen gelesen haben

Ingeborg Dorn, MSc. Palliative Care, ist Pastorale Direktorin und Krankenhausseelsorgerin am AGAPLESION BETHANIEN KRANKENHAUS HEIDELBERG, Trainerin für Palliative Care und Moderatorin für Palliative Praxis.
Kontakt: ingeborg.dorn@emk.de

	benötigtes Material	Anmerkungen/Anweisungen
	CD-Player, CD oder streamen	»Forever Young« oder einen anderen Song abspielen
		Menschen werden alt und älter: »Wenn ich einst alt bin … Alt sein ist anders …«
	Bilder von alten Menschen	Jede/jeder wählt ein Bild und stellt sich damit vor, warum dieses Bild gewählt wurde; Name; was am Thema Alter interessiert. Kostenfreie Bilder im Internet
	Alte Brillen, beschmiert (Fett oder abwaschbarer dunkler Edding-Stift), Watte für die Ohren, elastische Binden und Pflaster, um Einschränkungen der Gelenke (Ellenbogen oder Knie) zu simulieren – dann z. B. Haare kämmen oder gehen; dicke Putzhandschuhe und Tabletten zum Teilen, Tropfenfläschchen, »Mensch ärgere dich nicht«-Spiel und grobe Handschuhe etc. Evtl. mehrere Einschränkungen zugleich simulieren	**Aufgabe:** Alle TN probieren aus, wie körperliche Veränderungen sich anfühlen/sich auswirken. TN in gleichgroße Kleingruppen einteilen. Materialien sind an verschiedenen Tischen verteilt, Kleingruppe kann sich jeweils damit beschäftigen und wechselt zum nächsten Ort. Die Materialien dienen der Sensibilisierung bzw. dem Erfahrbarmachen der Einschränkungen, die mit dem Alter kommen können. Hier sind Ideen gefragt. Wichtig: Ausreichend Material zur Verfügung stellen, damit vieles von vielen parallel und nacheinander ausprobiert werden kann.
		Fragestellung: Wie ist es Ihnen ergangen? Welche Gefühle sind »hochgekommen«? KL achtet auf emotionale Reaktionen (kann sehr tief gehen).

Zeitplanung	Lernziel	Inhalt	Methode
UE 3+4			
10 Min.	Wahrnehmung, wie ich/wir mit alten Menschen umgehen	Eigene Lebenserfahrungen ins Bewusstsein holen und benennen	Einzelarbeit
20 Min.	Verschiedenheiten im Umgang mit alten Menschen entdecken	Verschiedene Prägungen (Kultur) werden sichtbar und ins Gespräch gebracht	Dreiergruppen
30 Min.	Ergebnisse sichern	Sammeln der Aussagen	Plenum
20 Min.	Entdecken von Hoffnungen und Ängsten zum Thema: Alt werden/Alt sein	KL leitet über aus den gesicherten Ergebnissen. TN führen das Thema weiter und benennen Hoffnungen und Ängste, die sie kennen oder erleben	gelenktes Gespräch
Mittagspause			
UE 5+6			
5 Min.	TN kommen an	Aktivierungsübung	Körperübung
5 Min.	inhaltlicher Wiedereinstieg	Wenn ich einst alt bin, trag ich Mohnrot	Textvortrag
15 Min.	TN setzen sich mit *ihren* Wünschen, Sehnsüchten und Visionen auseinander	Blickwechsel hin zu den Ressourcen im Alter	Einzelarbeit
35 Min.	TN machen sich die Herausforderungen/Möglichkeiten bewusst, die aus den Wünschen etc. entstehen	Sammeln der Aussagen aus der Einzelarbeit und die daraus entstehenden Fragen/Herausforderungen im Alter	Gruppenarbeit Vierergruppen
35 Min.	Ergebnissicherung	Vorstellung der Gruppenergebnisse	Vortrag Plenumsgespräch
Kaffeepause			
UE 7+8			
2 Min.		»Alter« von Gisela Baltes	Gedichtvortrag
50 Min.	Alt sein ist anders … Übertragung in den Umgang mit alten Menschen heute	Aus den eigenen Wünschen etc. den Umgang mit alten Menschen ins Blickfeld nehmen. Worauf es im Alltag ankommt	Gruppenarbeit mit 3 oder 4 Personen
30 Min.	Ergebnissicherung	Vorstellung der Ergebnisse	Plenum
8 Min.	Abschluss und Abschied	Tag wird durch KL kurz gebündelt und mit dem Lied »Mit 66 Jahren« endet die Fortbildung	Lied

	benötigtes Material	Anmerkungen/Anweisungen
	Arbeitsblatt mit Fragen für Einzelarbeit und Auftrag für Gruppenarbeit inklusive Zeitangabe	Dreiergruppen schon festlegen **Fragestellungen Arbeitsblatt:** *Einzelarbeit:* (10 Min.) 1.Wie gehen wir in meiner Familie mit unseren »Alten« um? 2. Wie ist das im Freundeskreis, der Nachbarschaft, in der Kirchengemeinde? 3. Wie in unserer Gesellschaft? *Gruppenarbeit* (Dreier-/20 Min.): Austausch über die Aussagen der Einzelarbeit und wichtige Stichworte auf Kärtchen schreiben
	Kärtchen und dicke Stifte, Pinnwand	
	Pinnwand	Evtl. Rückfragen. KL bündelt und ergänzt (z. B. Umgang in anderen Kulturen)
		KL: Welche Hoffnungen, welche Ängste lassen sich aus den Kärtchen herauslesen? Fokus: Hoffnungen
		z. B. Körper »abklopfen« und so Durchblutung fördern
	Gedicht von Elisabeth Schlumpf	
	Arbeitsblatt mit Gedicht und Fragestellung	**Fragestellung:** Was wünsche ich mir für mein Alt werden/Alt sein?
	Arbeitsblatt, große Papierbögen, Edding-Stift	Gruppen neu zusammensetzen **Arbeitsauftrag:** Welche Themen ergeben sich damit als Herausforderungen im Alter? Notizen auf Papierbogen
	Beschriftete Papierbögen aus den Gruppen	KL ergänzt, wenn wichtige Themen fehlen (Selbstbestimmung, Respekt, Schutz, Miteinander, Würde etc.)
	Arbeitsauftrag Papierbögen oder Kärtchen, Stifte, Pinnwand	**Arbeitsauftrag:** Leiten Sie aus den Wünschen, Visionen etc. einen adäquaten Umgang mit alten Menschen ab. Evtl. vorbereitete Zettel mit Stichworten wie: Jede/jede ist ein eigener Mensch, Respekt, Selbstbestimmung, Ernstnehmen, Ermöglichen, Verstehen, mit dem alten Menschen seinen Weg finden – nicht für ihn etc. Hier ist der Ansatz der personenzentrierten Betreuung von alten Menschen hilfreich, den Marlis Pörtner (Buch) beschreibt.
	CD-Player, CD oder streamen	KL kommentiert das bekannte Lied von Udo Jürgens und bündelt die Themen des Tages nochmals

Literatur

Coenen-Marx, C. (2017). Noch einmal ist alles offen. Das Geschenk des Älterwerdens. München.

Mayer, S. (2019). Die Kunst, stilvoll älter zu werden. Erfahrungen aus der Vintage-Zone. 3. Auflage. München.

Pörtner, M. (2016). Alt sein ist anders. Personenzentrierte Betreuung von alten Menschen. 4. Auflage. Stuttgart.

Rentsch, T.; Zimmermann, H.-P.; Kruse, A. (Hrsg.) (2013). Altern in unserer Zeit. Späte Lebensphasen zwischen Vitalität und Endlichkeit. Frankfurt a. M.

Schlumpf, E. (2003). Wenn ich einst alt bin, trage ich Mohnrot. Neue Freiheiten genießen. München.

Alter

Alt werden,
ein lebendiger Prozess:

Offen bleiben,
Neues wagen,
Veränderungen zulassen,
wissbegierig, lernfreudig bleiben,
nie fertig sein,
vorwärts schauen.

Alt sein,
ein gleichbleibender Zustand:

Misstrauisch gegen Neues,
um Kleinigkeiten kreisen,
immer in denselben Bahnen denken,
auf der Stelle treten,
mit dem Leben fertig sein,
nur noch zurückblicken.

Alter:
Keine Frage von Jahren,
solange ich nicht aufhöre zu fragen.

http://impulstexte.de/impulstexte/wachsen-und-werden/alter

Material im Internet

Bilder »Alte Menschen« kostenfrei bei pixabay https://pixabay.com/de/photos/search/senioren/
Lieder zum Thema Alter über Google-Suche
Alter – Gedicht Giesela Baltes http://impulstexte.de/impulstexte/wachsen-und-werden/alter
Alt sein ist anders. Interview mit Marlis Pörtner https://www.yumpu.com/de/document/view/22128119/interview-mit-marlis-portner-alt-sein-ist-anders-pdf-122kb-gwg
Alt sein https://www.diakonie.de/fileadmin/user_upload/Diakonie/Unterrichtsmaterial/P140122_Diakonie_U-Material_AltSein_SekII_140304.pdf
Alter ist eine Illusion https://www.zukunftsinstitut.de/artikel/alter-ist-eine-illusion-interview/
Alt werden? Ja. Alt sein? Niemals. https://www.sueddeutsche.de/thema/Alter
Alt werden? Ja! Alt sein? Nein! https://www.deutschlandfunkkultur.de/altwerden-ja-altsein-nein.1124.de.html?dram:article_id=176918
Altersbilder – wie wir uns Alter vorstellen https://www.gesundheit.gv.at/leben/altern/aelter-werden/altersbilder
Anders altern https://www.bpb.de/dialog/netzdebatte/223517/anders-alt-altersbilder-im-kulturellen-vergleich
Wenn ich einmal alt bin – Gedicht/https://netzfrauen.org/2015/03/29/wenn-ich-einmal-alt-bin-und-auf-dem-weg-ins-vergessen/
Wenn ich einmal alt bin 2 https://www.newslichter.de/2013/07/wenn-ich-einmal-alt-bin/
Wenn ich einmal alt bin 3 https://paradoxes-leben.de/wenn-ich-einmal-alt-bin/
Was heißt Alt sein im 21. Jahrhundert? https://www.dasmili.eu/art/was-heisst-alt-sein-im-21-jahrhundert/
Wenn ich einst alt bin, trage ich Mohnrot. Gedicht https://www.rosadora.de/blog/?p=1496

Zwischen Resonanz und Entfremdung: Trauerbegleitung in Zeiten sozialer Beschleunigung

Resümee der Bachelorarbeit »Seelsorge mit Trauernden im Zeitalter der Beschleunigung« (2018)[1]

Bianca Schulze

Früher gehörte der Tod mehr als heute zur Normalität des Lebens. Kinder starben häufiger, Erwachsene wurden nicht hochaltrig und medizinische Möglichkeiten waren begrenzter. Sterbe-, Toten- und Trauerrituale waren in unsere Kultur und Gesellschaft eingeflochten. Bis in die Gegenwart wurden der Tod und das Sterben dem Alltag immer mehr entrückt. Was früher als Normalität und partiell als Erlösung verstanden wurde, ist in postmodernen Gesellschaften zunehmend durch Beherrschbarkeit und Angst vor dem Unausweichlichen besetzt worden (Lammer 2013, S. 40 f.). Heutige Trauerbegleitung steht so vor diversen Herausforderungen.

Losgelöst vom Kontext Sterben und Tod scheinen gesellschaftliche Veränderungen und Entwicklungen immer schneller gefordert und an der Tagesordnung zu sein. Müssen Seelsorge und Begleitung dann auch schneller und offensiver werden, um Schritt zu halten? Oder sollten sie nicht erst recht die Notbremse ziehen und aus all der Beschleunigung aussteigen? Der Soziologe Hartmut Rosa konkretisiert die Mechanismen und Auswirkungen fortwährender Beschleunigung und bietet Lösungsansätze an, die für die jeweiligen Lebensbereiche übersetzt werden können.

Soziale Beschleunigung und ihr Symptom der Entfremdung

»Wir haben keine Zeit, obwohl wir sie im Überfluss gewinnen« ist das zugrundeliegende Paradoxon (Rosa 2018, S. 11). Das persönliche Lebenstempo ist dabei genauso betroffen wie die Intervalle innovativer Technik. Durch neue Technik wird die Welt zugänglich, Raum wird überwindbar, Abläufe werden optimiert und schneller abgearbeitet und doch gibt es häufig chronische Zeitnot. Die Zeit selbst wird zur knappen Ressource (Rosa 2012, S. 32). Nicht nur die Wirtschaft, sondern auch soziale Beziehungen und das Selbstverständnis des Menschen sind unweigerlich betroffen. War das System Familie früher intergenerational angelegt, hat es sich mit der Zeit zu einem generational geschlossenen und schließlich zu einem intragenerationalen entwickelt (Rosa 2012, S. 179 ff.).

Das stärkste Symptom jener Beschleunigung ist die Entfremdung (Rosa 2018, S. 299 ff.). Dieser Modus der Entfremdung ist der einer beziehungslosen Beziehung, einer »stummen« Welt. Alles dient lediglich als Instrument oder Ressource und ist verzweckt. Resultate sind Unverbundenheit in Beziehungen oder mangelndes Selbstgespür. Affekte und Emotionen fehlen zunehmend. Aus Angst vor einer stets repulsiven, feindlichen Umwelt wird erneut in Optimierung investiert. Es entsteht ein Kreislauf, in dem das gute Leben immer weiter in die Zukunft verlegt wird.

In der Praxis ist Entfremdung wahrzunehmen in Aussagen wie: *Es ist so leer hier/in mir, ich habe keine Zeit für mich, andere auch nicht, ich komme kaum noch mit.* Um den Kontext des Todes hier wieder aufzunehmen, könnte der Tod als ultimative Entfremdung verstanden werden. Aus einer zwischenmenschlichen Beziehung wird Bezie-

Leidfaden, Heft 1 / 2021, S. 93–96, © Vandenhoeck & Ruprecht GmbH & Co. KG, Göttingen, 2021, ISSN 2192-1202

Ulrike Rastin

hungslosigkeit, keine Regung, kein Blick mehr, nur Stummheit. Die eigene Endlichkeit rückt schlagartig ins Bewusstsein.

Für Rosa verhält es sich mit Entfremdung allerdings genauso wie mit den Beziehungen von Licht und Schatten, Wärme und Kälte oder auch Leben und Tod. Die grundsätzliche Erfahrung, dass etwas fremd und stumm ist, ist unabdingbar, um das Andere, die Resonanz, wahrnehmen zu können (Rosa 2018, S. 325). Am Beispiel Tod ist es vielleicht das *memento moriendum esse,* welches konstitutiv für neue Resonanzerfahrungen ist.

Resonanz

Sie ist die Art von Beziehung, in der Mensch und Welt neugierig aufeinander sind, sich berühren und diese Berührung eine »Anverwandlung« nach sich zieht (Rosa 2018, S. 317). Eine Interaktion und Begegnung, die nicht instrumentalisiert sind. Dies bedeutet, Begegnungen zuzulassen, berührt zu werden und zu berühren. Es bedeutet beispielsweise auch, als Hinterbliebene den Schmerz, die Trauer, die Erleichterung oder andere Gefühle anzuerkennen, sich zu erinnern und auf Dauer den verstorbenen Personen einen neuen Ort zu geben.

Dieser Akt des In-Beziehung-Tretens kann – so Rosa – auf drei Achsen erfolgen: horizontal, diagonal und vertikal. Die horizontale Resonanzachse bezeichnet dabei die Beziehung zu anderen Menschen (etwa in Liebe und in Freundschaft), während die diagonale Resonanzachse in erster Linie die Beziehung zu Objekten (in Besitz und Konsum) umschreibt. Die Beziehung zur Welt an sich, unter anderem in Religion, Natur oder Kunst, wird durch die vertikale Achse dargestellt (Rosa 2018, S. 341 ff.). Die eigene Biografie und der eigene Erfahrungshorizont bilden dabei die Grundlage für die Ausprägung und Ansprechbarkeit der jeweiligen Achsen.

Allen Menschen gemein ist dabei der von Eberhard Jüngel postulierte »anthropologische Passiv« (Jüngel 1993, 80). Der Mensch wird geboren, wird geliebt und stirbt selten selbst gewählt. In diesen Grundformungen der menschlichen Existenz ist der Mensch stets auf ein Gegenüber angewiesen. Er ist Mitmensch. Mit Buber könnte hier auch davon gesprochen werden, dass der Mensch erst am Du zum Ich werden kann: »Ich werdend spreche ich Du« (Buber 1984, S. 15).

Stirbt ein Mensch, verliert das Ich ein Du. Mindestens die horizontale Achse kommt ins Wanken. Aus Ehefrau wird Witwe, aus einstiger Resonanz wird Entfremdung. Intakte Achsen, die einer Hinterbliebenen zur Verfügung stehen, stellen hierbei Ressourcen dar, um der eigenen Trauer und Entfremdung zu begegnen. Doch scheint genau dies, ein tragendes familiäres und soziales System wie auch ein intrapersonelles, immer seltener vorhanden zu sein.

Herausforderungen und Chancen in der Trauerbegleitung

Trauerbegleitung steht so vor immer neuen Herausforderungen. Hier seien drei von ihnen beschrieben, orientiert an Rosas Theorie zur sozialen Beschleunigung:

- *Zeit- und Allverfügbarkeitsherausforderung*
  Zeit ist nicht mehr unverfügbar, sondern zu einer knappen Ressource geworden. Die Devise lautet daher: Zukunft offen halten. Die Zeit für Gespräche und für Zuwendung zum eigenen Ich ist knapp. Hingegen sind die Möglichkeiten, erreichbar zu sein, und der Druck, dies auch sein zu sollen, groß.
- *Zukunftsherausforderung*
  Es scheint immer etwas zu geben, das optimiert werden muss, was noch nicht gut oder gut genug ist. Das Gute, das als resonant erlebt wird, wird dabei immer weiter in die Zukunft geschoben.
- *Entfremdungsherausforderung*
  Resonanz in der Zukunft zu erwarten macht es jedoch unmöglich, sie im Hier und Jetzt zu spüren. Die Angst, keine Resonanz zu spüren, entfremdet zu sein, führt zur Optimierung und zur erneuten Verschiebung auf die Zukunft.

Beispiel: »Zum Traurigsein habe ich gar keine Zeit. Es ist so viel zu tun: Bestatter rufen, Anzeige schalten, Trauerfeier organisieren, Wohnung ausräumen, Sterbeurkunde einreichen und so weiter. Danach nehme ich mir Zeit für mich.« Häufig finden sich dann noch mehr Dinge, die unbedingt optimiert und erledigt werden müssen, sodass der eigenen Verlusterfahrung weiterhin kein Raum geschaffen wird.

Gleichsam eröffnet Rosas Soziologie der Resonanz auch Chancen:

- *Weltbeziehungschance*
  Resonanz wie Entfremdung werden häufig sehr sinnbildlich ausgedrückt: »Kraftlosigkeit, Stummheit, des Atems beraubt, den Boden unter den Füßen verlierend, getrübter Blick, bittere Pille«: Solche ausgesprochenen Sinnbilder beinhalten auch Wahrheit und können helfen, der Erschütterung und Entfremdung im Angesicht des Todes Ausdruck zu verleihen. Zur Flos-

kel dürfen sie dabei jedoch nicht verkommen. Psychosomatische Symptome, Stimme und Haltung können darüber hinaus Hinweise auf die Welt-Selbst-Beziehung des Gegenübers geben. Temporäre Entfremdungserscheinungen sind dabei legitim und können im konstitutiven Verhältnis zwischen Resonanz und Entfremdung abseits von Diagnosen eingeordnet werden. Trauerbegleitende sollten fähig sein, den Subtext in der Begegnung, Sprachlosigkeit, temporäre Zwänge, Aktionismus oder Ähnliches, wahrzunehmen und ihm ohne Bewertung Ausdruck zu verleihen und Raum wie Zeit zu geben.

- *Horizontalchance*
  Die Beziehung zwischen Seelsorgerin und Hinterbliebenem konstituiert sich nach Rosa primär horizontal. Sehen und gesehen werden sind hierbei Beispiele für direkte Momente einer gelingenden horizontalen Resonanzbeziehung (Mathwig 2014, S. 94 ff.). Darüber hinaus kann das Familiensystem als ein Zentrum horizontaler Resonanzbeziehung in den Blick genommen werden (Rosa 2018, S. 340 ff.).
- *Vertikal- und Verbindungschance*
  Hat ein Gegenüber eine ausgeprägte vertikale Resonanzachse im Sinne einer religiösen Beziehung, können in der seelsorglichen Begleitung der Glaube und die Beziehung zum »ewigen Du« zentrale und stärkende Rollen spielen (Buber 1984, S. 76). Stimmige Rituale können dabei die Achsen in Verbindung bringen, sodass im horizontalen Sinne Gemeinschaft, im diagonalen Sinne Ausdruck und im vertikalen Sinne eine Religiosität spürbar werden können. Dort, wo es über die reine Sprache hinausgeht, dort, wo mehr als Worte Anklang und Ausdruck finden, entsteht der Moment der »Tiefenresonanz«, der intensiven Verbundenheit und Beziehung (Rosa 2018, S. 111). Im religiösen Sinne vielleicht eine Erfahrung des Getragen- und Verbundenseins. Rituale stellen somit auch im Horizont von Rosas Resonanztheorie eine wesentliche Chance dar, den Herausforderungen der Beschleunigung im Kontext der Trauerbegleitung zu begegnen.

Vielleicht ist es Aufgabe in der Begleitung, weder der Beschleunigung anheimzufallen noch die Entschleunigung im Sinne einer Notbremse zu fordern. Positiv formuliert sollte Seelsorge Raum und Zeit für Berührung und Anverwandlung öffnen. Das Wissen um Resonanzachsen ermöglicht, sie auch bei anderen zu entdecken, den Blick auf sie zu lenken und gemeinsam herauszufinden, was sie zum Schwingen bringen kann. Ein wachsamer Blick auf neue alte Herausforderungen und die Neugierde, Chancen zu entdecken und zu nutzen, ermöglichen einen bewussten Umgang mit den Herausforderungen sozialer Beschleunigung in der Trauerbegleitung.

Bianca Schulze, Religionspädagogin und Sozialarbeiterin (BA), ist Diakonin im Kirchenkreis Osterholz-Scharmbeck mit den Schwerpunkten Konfirmand*innenarbeit und Begleitung im Anderland – Zentrum für trauernde Kinder und Jugendliche.

Kontakt: bianca.schulze@evlka.de

Literatur

Buber, M. (1984). Das dialogische Prinzip. 5. Auflage. Heidelberg

Jüngel, E. (1993). Tod. 5. Auflage. Gütersloh.

Lammer, K. (2014). Trauer verstehen. Formen, Erklärungen, Hilfen. 4. Auflage. Heidelberg.

Mathwig, F. (2014). »Will you still need me, will you still feed me …?«. In: Noth, I. (Hrsg.): Palliative und Spiritual Care. Aktuelle Perspektiven in Medizin und Theologie (S. 85–101). Zürich.

Rosa, H. (2012). Beschleunigung. Die Veränderung der Zeitstrukturen in der Moderne. 9. Auflage. Frankfurt a. M.

Rosa, H. (2018). Resonanz. Eine Soziologie der Weltbeziehung. Berlin.

Anmerkung

1 Verfügbar in der Bibliothek der Hochschule Hannover, Fakultät 5 – Diakonie, Gesundheit und Soziales.

Trauerbegleitung in Zeiten von Corona

Erfahrungen, Einsichten, Gedanken unserer Mitglieder

Marei Rascher-Held

Es hat uns alle »kalt« erwischt, erst Menschen im fernen China, dann Menschen in Europa, in Italien und Österreich, in Deutschland, um uns herum, Familien, Nachbarn, Ältere, Jüngere, Menschen in unserem privaten und beruflichen Alltag. Plötzlich kommt ein Geschehen, das vorstellbar war, aber doch immer woanders passierte, nah an uns heran, bekommt ein Gesicht und einen Namen, der sich seit vielen Monaten in unser Gehirn eingeprägt hat und etwas mit uns macht: Covid-19. Das Corona-Virus in der Corona-Zeit. Damit verbunden entsteht etwas, das wir alle kennen, die wir mit trauernden Menschen zu tun haben, wenn der Tod ins Leben trifft: ein schockähnlicher Zustand, Verlust des Selbstverständlichen, eine diffuse Angst, ein Nicht-wahrhaben-Wollen, eine große Unsicherheit im Denken und Verhalten.

Das Neue und gleichzeitig Verbindende: Ausnahmslos alle haben in irgendeiner Weise mit dem Virus zu tun. Alle sind mit etwas Bedrohlichem konfrontiert, das zunächst niemand einzuordnen weiß. Wir alle erleben einen Kontrollverlust. Jede*r muss sich auf den Weg machen in eine Welt, die das Planbare über den Haufen wirft. Die Alltagsroutine wird zu einem Ausnahmezustand mit einschränkenden Regeln, mit einer Flut von Nachrichten in den Medien, mit Bildern von Menschen in Krankenhäusern, die erschrecken, die wir möglichst nicht zu nah an uns herankommen lassen wollen. Aber die Konsequenzen treffen uns alle: Es gibt den ersten und im November den zweiten Lockdown in Deutschland, um uns und andere zu schützen. Und jede*r geht anders mit dieser Zeit um, die durch massive Verluste geprägt ist. Das kennen wir Trauerbegleitende doch. Und doch sind wir irritiert über viele damit verbundene Verhaltensweisen in Form von Hamsterkäufen irrationalster Art oder Verschwörungserzählungen, um mit dem Unbegreiflichen, schlecht Auszuhaltenden umzugehen. Was um uns herum passiert, verstört und ängstigt uns. Menschen ziehen sich zurück, sollen sich möglichst nicht begegnen. Umarmung bedeutet Gefahr für die Gesundheit. Das Gewohnte muss hinterfragt werden.

In diesem ersten Lockdown entsteht vielerorts Stille, viele Beratungstelefone schweigen, es gibt ein Anhalten, Innehalten, Abwarten, Beobachten, Nachrichtenverfolgen. Als hielte die Welt den Atem an, wo nicht mehr frei geatmet werden kann. Was kommt da auf uns zu? Was haben wir zukünftig zu erwarten? Was heißt das für jede*n Einzelne*n? Wir Trauerbegleiter*innen kennen diese Verhaltensweisen, die uns durch-

Leidfaden, Heft 1 / 2021, S. 97–102, © Vandenhoeck & Ruprecht GmbH & Co. KG, Göttingen, 2021, ISSN 2192-1202

aus manchmal sprachlos werden lassen, aber eins ging doch immer: den trauernden, hilflos erscheinenden Menschen in den Arm zu nehmen. Und nun? Wir haben mit Menschen zu tun, die bereits durch den Tod eines Zugehörigen in seelischer Not sind. Nun werden sie mit einer weiteren Krise konfrontiert.

Kirsti Gräf aus Sachsen-Anhalt berichtet: »Welch wichtige Stabilisierungsarbeit wir leisten, wurde mir durch jeden Kontakt zu Trauernden bewusster. Durch diese zusätzliche Krise kamen viele ins Wanken. Ressourcen und soziale Kontakte zu Freunden, Familie und auch zum Teil zum Psychologen waren auf ein Minimum heruntergefahren.« Christine Kempkes schreibt: »Viele Menschen, die sich an mich wenden, suchen Halt in ihrem zerbrochenen Leben. Die Corona-bedingten Einschränkungen, seien es beschränkte Kontaktmöglichkeiten oder auch stornierte Urlaube und damit fehlende (gewohnte) Erholungsmöglichkeiten, wirken aus meiner Sicht wie ein Katalysator und fördern den Schmerz mit einer anderen Wucht zutage.« Monika Müller-Herrmann schildert, dass Trauernde ihr Leben als surreal erleben, in einer Telefonkonferenz wird darüber geklagt, dass das Homeoffice ihnen zusätzlich Kontakte nimmt, die sie sonst auf ihrer Arbeit hatten, die Atmosphäre beim Einkaufen hat sich verändert, der nette Schwatz mit dem Metzger findet nicht mehr statt. Eine Teilnehmerin sagt, dass sie die Angst als ansteckend erlebt. Eine trauernde Frau erzählt, dass sie Angst hat, nun auch noch einen anderen lieben Menschen durch Corona zu verlieren. Da wird die Angst konkret und eine weitere berichtet, dass sie ihren Mann durch Suizid im Altenpflegeheim verloren hat, da er es nicht ausgehalten hat, keine Besuche mehr zu bekommen. Die erzwungene Isolation bedrängt viele. Soziale Kontakte in Form von Sportkursen, Gottesdiensten, Trauergruppen und Trauercafés sind weggefallen. Gerade akut Trauernde erleben das Zu-Hause-bleiben-Müssen als sehr anstrengend, da sie umgeben sind von tausend Erinnerungen an den geliebten Menschen. Ein älterer Mann hatte gerade wieder ein wenig Hoffnung geschöpft und war bereit, neue Kontakte und Aufgaben zu übernehmen, als Corona kam. Er wurde zurückgeworfen. Es sei ein großer Segen gewesen, dass sie ihn und andere trotz der Corona-Regeln weiter persönlich begleiten konnte, erzählt Kirsti Gräf.

All diese Berichte zeugen von einer Situation, die mit Irritation und unsicherer Zukunftsperspektive zu tun hat, die auch uns als Begleitende das Gewohnte und Zuverlässige unter den Füßen weggerissen hat. Auch wir müssen uns herantasten und suchen und erfinderisch werden – allmählich. Da kommen uns die eigenen Ressourcen und Erfahrungen durch unsere Arbeit zu Hilfe. Etwas ganz Entscheidendes, was unsere Arbeit überhaupt möglich macht, nämlich das Wissen um Veränderung und damit einhergehend Zuversicht und Hoffnung in eine ungewisse Zukunft zu tragen, sind der Motor unseres Handelns. Das Jetzt, die Krise, die auferlegte physische Distanz zeigen Trauerreaktionen. Wir als Trauerbegleitende halten dagegen eine Hoffnung aufrecht. Im Buch »Hoffnung. The World Book of Hope« von Leo Bormans[1] heißt es: »Für Trauernde kann die Hoffnung anderer wie eine Auftriebskraft wirken, die sie an der Oberfläche hält, bis sie wieder selbst Hoffnung aufbringen können« (S. 145).

Ich bin beeindruckt von den Rückmeldungen, die wir auch im Newsletter im Juni 2020 von Mitgliedern unseres Verbandes über die erste Zeit des Lockdowns lesen konnten. Viele hilfreiche und

unterstützende Ideen von unseren Mitgliedern wurden hervorgebracht, die teilweise über die Lockdown-Zeiten hinaus Bestand haben werden. »Es ist so viel mehr möglich als anfangs gedacht«, schreibt Christine Kempkes. Wilfried Müller sagt: »Meine Erfahrungen mit Trauerbegleitung in der Corona-Zeit waren durchweg positiv. (…) Mich hat immer wieder überrascht, wie viel Kreativität wir Begleiter*innen doch haben.« Persönliche Gespräche wurden zu Geh-Sprächen, Spaziergängen durch den Wald, in der Sonne. Es wird berichtet, dass manche Klient*innen inzwischen dieses Angebot bevorzugen, »gehend die eigenen Gedanken in Schwung zu bringen und damit auch körperlich neue Perspektiven einnehmen zu können« (Christine Kempkes). Trauernde haben die Natur gerade auch auf dem Friedhof als heilsam empfunden, kann ich berichten. Der Friedhof mit dem Grab ihrer Verstorbenen in der Nähe. Trauergruppen haben sich auf dem Hauptfriedhof in Karlsruhe getroffen. Bänke wurden in angemessenem Abstand aufgestellt, die eigene Thermoskanne und eine Decke mitgebracht und den Eichhörnchen zugeschaut. Die Nähe zur Natur, das Rauschen der Blätter im Wind und das Quaken der Frösche am Teich wurden als wohltuend wahrgenommen.

Positive Erfahrungen haben viele mit Telefonkontakten gemacht, ob in der Einzelbegleitung oder als Telefonkonferenz mit einer Gruppe Trauernder. Die Konzentration auf einen Sinn, den des Hörens, lässt eine intensive, konzentrierte andere Form der Begleitung zu. Videotelefonie und Zoomkonferenzen wurden angenommen und als mögliche Alternativen geschätzt. Online-Kontakte wurden besonders gepflegt und nahmen zu. Eine neue Online-Plattform für Jugendliche in Trauer wurde vom Verein Leuchtturm e. V. entwickelt. Brigitte Wörner berichtet im Impulsreferat bei einer Online-Tagung mit der Katholischen Akademie Freiburg, dass sie Briefe, Bastelanleitungen und unterstützende Texte verschickt hat, um auch mit Kindern und Jugendlichen in Kontakt zu bleiben. Auch das Projekt »Trauer und Fußball«, das Carmen Mayer initiiert hat, unterstützt mit einer Spendenaktion den Ambulanten Hospiz- und Familienbegleitdienst der Johanniter in Berlin. Eine Trauerbegleiterin erzählt in einer Online-Diskussionsrunde, dass sie einen Schirm bedruckt hat, auf dem steht, dass sie für ein Gespräch zur Verfügung steht. Damit setzt sie sich eine Weile auf einen Friedhof und Menschen sind auf sie zugekommen, die sonst niemanden hatten, mit dem sie sprechen konnten.

Diese kreativen Beispiele von umgesetzter Hoffnung zeigen, wie viel Potenzial trotz allem in dieser stressreichen Zeit steckt, die uns allen viel bis zu viel abverlangt. Hieran wird erkennbar, dass das Potenzial Hoffnung nichts mit passivem Warten zu tun hat. Der Journalist Leo Bormans, der zum Thema »Hoffnung« recherchiert hat, schreibt im bereits erwähnten Buch: »Hoffnungsvolle Menschen warten nicht passiv auf gute Ergebnisse, sondern verfolgen ihre Ziele aktiv« (S. 160). An anderer Stelle schreibt er: »Hoffnung ist die Möglichkeit, Entscheidungen zu treffen, dank derer sich unser Selbst den Umständen zum Trotz weiterentwickelt« (S. 44).

Es ist gut, Alternativen zu finden, um Schlimmeres zu verhindern. Und tatsächlich gibt es in dieser Zeit Entdeckungen, die es auch über die herausfordernde Zeit zu bewahren gilt. Wir alle haben jedoch Sehnsucht nach dem Gewohnten, Vertrauten und für uns Menschen Wesentlichen. Dazu gehört der körperliche Kontakt. Dauerhaft keine Umarmung zu pflegen, keinen Händedruck mehr zu geben, wäre ein schwerwiegender Verlust menschlichen Verhaltens. So möchte ich mich trotz aller guter Ideen meiner Kollegin Christine Kempkes anschließen, die als Fazit in ihrem Bericht schreibt: »Begleitung 1:1 in persönlicher Begegnung ist immer noch meine erste, präferierte Wahl.« So hoffen wir aktiv, dass diese Form der Begegnungen, beruflich wie privat, so bald wie möglich wieder zur Selbstverständlichkeit wird.

Marei Rascher-Held ist Trauerbegleiterin (BVT) in angestellter und selbstständiger Tätigkeit in Karlsruhe, Psychologische Beraterin und Personal Coach (ILS), Vorstandsmitglied im Bundesverband Trauerbegleitung e. V., Dozentin für Fort- und Weiterbildungen zu den Themen Tod, Trauer, Sterben, Biographiearbeit.

Kontakt: m.rascher-held@bv-trauerbegleitung.de

Anmerkung

1 Bormans, L. (Hrsg.) (2015). Hoffnung. The World Book of Hope. Der wahre Schlüssel zum Glück. Köln.

Von der Ausstellung zur Offenen Kirche in dunklen Zeiten

Hildegard Goclik

Für die Ausstellung *hoffnungsvoll & seelenschwer* des Bundesverbands Trauerbegleitung e. V. vom 8. bis 22. November 2020 war alles geplant und vorbereitet. Zehn Abende zum Thema »Abschied, Tod und Trauer« sollten die Ausstellung begleiten und für eine hohe Besucherzahl sorgen. Unsere umgebaute Familienkirche St. Liborius in Hamm ist der ideale Raum dafür. Sie ist nicht nur flexibel zu nutzen, sondern auch mit einer Küche, verschiedenen Sitzmöglichkeiten und WC gut ausgestattet. Für die Themenabende lagen bereits viele Anmeldungen vor. Die Referent*innen gehören alle zum neuen Trauernetzwerk Hamm.

Doch – wie so oft in diesem Jahr – brachte die Corona-Pandemie alles durcheinander. Am 29. Oktober wurde für den November der deutsch-

landweite Teil-Lockdown ausgerufen, um der zweiten Corona-Welle entgegenzutreten. Was nun?, schoss es mir durch den Kopf. Gerade in dieser Zeit sollten wir als Kirche doch da sein und die Menschen unterstützen. Alles abzusagen war keine Option für mich. Wir beschlossen, mit der endgültigen Entscheidung bis zum 3. November zu warten.

Meine spontane Idee, die Ausstellung als »Offene Kirche in dunklen Zeiten« mit Impulsen und Bildern zu *hoffnungsvoll & seelenschwer* zu bewerben, konnte damit reifen und wurde dann auch umgesetzt. Alle geplanten Abendveranstaltungen musste ich aber schweren Herzens absagen.

An der Offenen Kirche in dunklen Zeiten konnten wir aber festhalten. Gerade wenn alles runtergefahren und geschlossen wird, brauchen die Menschen einen Ort für Gebet, Kerzen anzünden und Impulse und die Möglichkeit zum Einzelgespräch. Sie benötigen Raum und Zeit für all ihre Sorgen. Die Ausstellung bietet viele wunderbare Impulse gerade in dieser Zeit. Alle, die da waren, waren sehr beeindruckt von der Vielfalt und Kreativität. Viele gute Gespräche gab es auch. Das Angebot wurde gerade in dieser Zeit dankbar angenommen. Am Ende war die Ausstellung trotz Corona-Bedingungen ein großer Erfolg: Ungefähr 200 Besucher*innen haben sich in diesen Tagen auf den Weg zur Kirche gemacht, einige zweimal. Alle waren sehr dankbar für das Angebot in dieser Zeit des Novembers. Viele äußerten, wie sehr sie von den Textinhalten, Bildern und Impulsen zutiefst angerührt waren. Gut und auch teils sehr tiefgehend waren die vielen Gespräche mit den Gästen. Einige suchten das Gespräch, bei anderen ergab es sich aus der Situation heraus. Beschenkt und bereichert gingen viele nach Hause, nicht ohne sich noch einen »Segen to go« aus einer Schatzkiste zu ziehen. Beschenkt und bereichert war auch ich am Ende der Ausstellung. Zusätzlich war ich froh über die Entscheidung, die Menschen auf diese Weise zu begleiten.

Die Ausstellung ist weiterhin ausleihbar und kann beispielsweise im Rahmen der Offenen Kirche gezeigt werde. Mehr unter: https://bv-trauerbegleitung.de/sonderaktionen/hoffnungsvoll-seelenschwer

Hildegard Goclik ist Gemeindereferentin, Seelsorgerin, Erzieherin, Religionspädagogin, Godly-Play-Erzählerin, Lebens- und Gestaltberaterin (Zusatzausbildung in Pastoralpsychologie und Integrativer Gestalttherapie FPI), Trauerbegleiterin (BVT).

Kontakt: hildegardgoclik@msn.com

Unterstützung von trauernden Menschen und Trauerbegleiter*innen durch angepasste Angebote

Der Bundesverband Trauerbegleitung e. V. hat seine Website barrierefrei gestaltet. Die Überarbeitung der Seite bedeutet beispielsweise durch eine neue Suchfunktion für Trauerbegleiter*innen und die Bereitstellung von hilfreichen Links und Texten eine bessere Unterstützung für trauernde Menschen. Wir freuen uns auf Ihren Besuch bei www.bv-trauerbegleitung.de!

Außerdem gab es für mehr als 100 Mitglieder Ende November 2020 eine Themenwoche, in der Online-Begleitung/-Fortbildung geschult wurde. Dafür haben vier Dozent*innen in fünf Online-Seminaren und drei Webinaren wichtige Impulse für die Online-Arbeit von Trauerbegleiter*innen gegeben. Wir werden noch bis Ende 2021 Online-Fortbildungen anbieten.

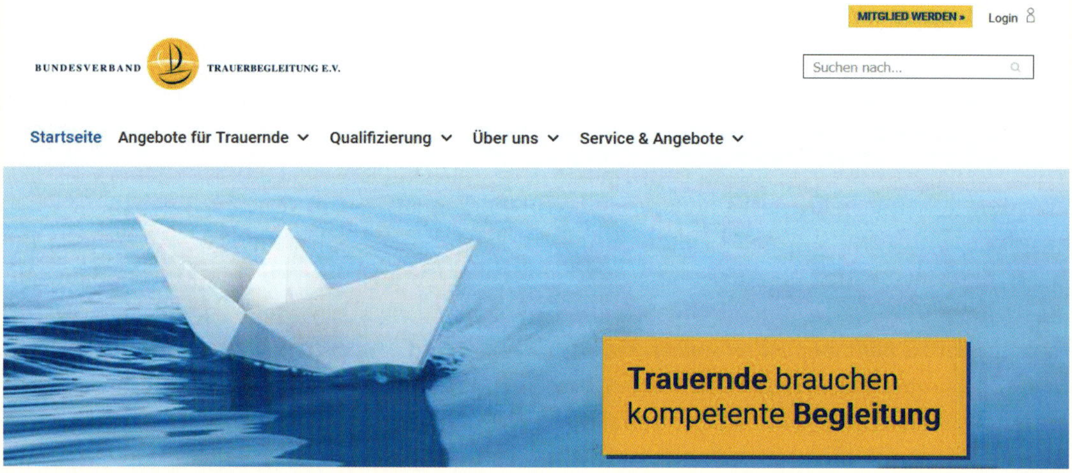

In eigener Sache: Der Beitrag »Begleiten, Beraten, Therapieren. Vom richtigen Verständnis und Ort von Trauerbegleitung und Trauertherapie« in den »Verbandsnachrichten« im Leidfaden-Heft 3/2020, eine »Klarstellung« von Norbert Mucksch, ist keine Stellungnahme des Vorstandes des Bundesverbandes Trauerbegleitung e. V., sondern gibt die persönliche Meinung des Autors wieder. Wir bedauern, dass die Platzierung des Artikels in der Rubrik »Verbandsnachrichten« Anlass zu Irritationen gegeben hat. Wir freuen uns auf eine rege Diskussion im Verband.

Vorschau Heft 2 | 2021

Thema: Neubeginn

Das Wertvolle als Wegweiser in neuen Erfahrungen

Morgen wird alles anders!
Geschichten über den Neubeginn

Jeden Tag neu beginnen – der Jakobsweg als Symbol für die Pilgerschaft des Lebens

Alles neu macht der Mai …
Neubeginn nach Beziehungskrisen

Neubeginn aus der Perspektive pflegender Angehöriger

u. a. m.

Impressum

Herausgeber/-innen:
Monika Müller M. A., KAB-Ring 22, D-53359 Rheinbach
E-Mail: vr-leidfaden@monikamueller.com

Prof. Dr. med. Lukas Radbruch, Zentrum für Palliativmedizin,
Von-Hompesch-Str. 1, D-53123 Bonn
E-Mail: Lukas.Radbruch@malteser.org

Dr. phil. Sylvia Brathuhn, Frauenselbsthilfe Krebs e. V.,
Landesverband Rheinland-Pfalz/Saarland e. V.
Schweidnitzer Str. 17, D-56566 Neuwied
E-Mail: Brathuhn@t-online.de

Prof. Dr. Arnold Langenmayr (Ratingen), Dipl.-Sozialpäd. Heiner Melching (Berlin), Dipl.-Päd. Petra Rechenberg-Winter M. A. (Hamburg), Dipl.-Pflegefachfrau Erika Schärer-Santschi (Thun, Schweiz), Dipl.-Psych. Margit Schröer (Düsseldorf), Dr. Patrick Schuchter (Wien), Prof. Dr. Reiner Sörries (Erlangen), Peggy Steinhauser (Hamburg)

Bitte senden Sie postalische Anfragen und Rezensionsexemplare an Monika Müller, KAB-Ring 22, D-53359 Rheinbach

Redaktion:
Ulrike Rastin M. A. (V. i. S. d. P.),
Verlag Vandenhoeck & Ruprecht GmbH & Co. KG,
Robert-Bosch-Breite 6, D-37079 Göttingen,
Tel.: 0551-5084-423, Fax: 0551-5084-454
E-Mail: ulrike.rastin@v-r.de

Bezugsbedingungen:
Leidfaden erscheint viermal jährlich mit einem Gesamtumfang von ca. 360 Seiten. Bestellung durch jede Buchhandlung. Die Bezugsdauer verlängert sich jeweils um ein Jahr, wenn das Abonnement nicht bis zum 01.10. bei der HGV gekündigt wird.

Bestellungen und Abonnementverwaltung:
HGV Hanseatische Gesellschaft für Verlagsservice mbH,
Leserservice, Holzwiesenstr. 2, D-72127 Kusterdingen;
Tel.: 07071-9353-16, Fax: 07071-9353-93,
E-Mail: v-r-journals@hgv-online.de
Preise und weitere Informationen unter www.vandenhoeck-ruprecht-verlage.com.

Verlag:
Vandenhoeck & Ruprecht GmbH & Co. KG, Theaterstr. 13,
D-37073 Göttingen; Tel.: 0551-5084-40, Fax: 0551-5084-454
www.vandenhoeck-ruprecht-verlage.com

ISSN 2192-1202
ISBN 978-3-525-40704-2
ISBN 978-3-647-40704-3 (E-Book)

Umschlagabbildung: Francesco Romoli

Gestaltung, Satz und Lithografie: SchwabScantechnik, Göttingen
Druck und Bindung: Beltz Grafische Betriebe GmbH, Bad Langensalza

Printed in Germany

Dieses Heft enthält eine Beilage der Leidfaden Academy.